W0462888

Ludger Beerbaum

Erfolg ist kein Zufall

Susanne Strübel

Ludger Beerbaum

Erfolg ist kein Zufall

Kosmos

Die 134 Fotos in diesem Buch stammen von Bongarts: 7, 23, 45, 52, 68, 69, 94, 138; Hugo M. Czerny: 36, 40, 53 u; Werner Ernst: 9 u, 10, 16, 24, 25, 26, 29, 32, 33, 34, 46, 48 u, 50 o, 54, 55, 59, 62, 63, 65, 66, 72 re, 73 u, 78, 80, 82, 84, 95, 97 (2), 98, 99 (2), 105, 110, 112-136 (37); hz-Foto: 64; Mitschke: 18; Photo-Ruth: 53 o; Pikeur: 141; privat: 8, 9 o, 11 (2), 12, 13, 14, 15, 17 (2), 48 o, 49, 50 u, 51 (2), 67, 87; pro cheval: 61 (2), 88, 91, 92, 100, 101, 102, 103, 104 o, 107, 109; Norbert Schamper: 75; Jacques Toffi: 30, 69, 70, 71, 72 li, 73 o, 74, 77, 79, 82, 83 (2), 85, 104 u, 108, 11, 140; ZDF: 137.

Umschlaggestaltung von Atelier Reichert, Stuttgart, unter Verwendung eines Farbfotos von Jacques Toffi, Hamburg

Die Deutsche Bibliothek - CIP-Einheitsaufnahme

Ludger Beerbaum: Erfolg ist kein Zufall / Susanne Strübel. -
Stuttgart: Kosmos, 1999
ISBN 3-440-07797-7

© 1999, Franckh-Kosmos Verlags-GmbH & Co., Stuttgart
Alle Rechte vorbehalten
ISBN 3-440-07797-7
Grundlayout: Friedhelm Steinen-Broo, eStudio Calamar
Lektorat: Sigrid Eicher
Printed in Germany / Imprimé en Allemagne
Satz und Herstellung: Die Herstellung, Stuttgart
Repro: Omnia Scanners, Mailand
Druck und buchbinderische Verarbeitung:
Westermann Druck Zwickau GmbH, Zwickau

Vorwort

John Whitaker

Wir Springreiter treffen uns Wochenende für Wochenende bei Veranstaltungen in der ganzen Welt. Natürlich kennen wir uns gut, sehen auf den Turnieren, wie die Kollegen und Konkurrenten ihre Pferde arbeiten. Aber auch wenn wir ein gutes Verhältnis zueinander pflegen - den genauen Einblick in die Arbeit des anderen haben wir nicht, weil jeder ein Einzelkämpfer ist, der sich ungern in die Karten schauen läßt, weil wir während der Woche alle beschäftigt sind und keiner zum anderen nach Hause fährt.

Ludger Beerbaum gehört zu den wenigen Perfektionisten in unserem Metier. Wir kennen uns seit vielen Jahren. Ludger plant seine Turniere gewissenhaft wie kein zweiter. Er denkt ständig daran, seinen Job zu perfektionieren. Im Parcours zeigt er keine Nerven. Ludger hat sich und seine Pferde unter Kontrolle - immer. Die Erfolge - zweifacher Europameister, Mannschafts-Weltmeister, dreifacher Olympiasieger und seit Jahren an der Spitze der Weltrangliste - geben ihm recht.

Dieses Buch, an dem Ludger maßgeblich mitgewirkt hat, soll allen Springreitern und Reitinteressierten Einblick in das professionelle Management seines Springstalls geben. Ludger beschreibt, wie er mit seinen Pferden arbeitet, wie er versucht, den verschiedenen Charakteren gerecht zu werden. Die Horsemanship, jedem Pferd soweit wie möglich den eigenen Willen und eine gewisse Freiheit zu lassen, ist nur wenigen Reitern gegeben, denn im Parcours müssen die Hilfen des Reiters befolgt werden. Um an Feinheiten arbeiten zu können, müssen die Grundbegriffe stimmen. Die klassische Reiterei, korrekter Sitz und richtiges Einwirken sind die Basis für jeden, der an Turnieren teilnehmen möchte.

Ich wünsche mir, daß die Leserinnen und Leser ein wenig verinnerlichen, was inzwischen die Philosophie einiger der international erfahrensten Springreiter ist: den Pferden größtmögliche Freiheit zu lassen. Ludger arbeitet mit seinen Pferden, er kämpft nicht gegen sie. Nur so können Erfolge erzielt werden.

Von Adelebsen in die Weltspitze

Wurzeln

„Der kleine Esel hat sich im hinteren Winkel seiner Boxe verschanzt. Die Ohren stehen steil wie Kirchturmspitzen in die Höhe, knopfrunde Augen blicken aufmerksam zur Tür, schauen in die spitzbübisch zusammengekniffenen Augen des kleinen braunen Lockenkopfes gegenüber. Dieser überlegt kurz, kratzt seinen Mut zusammen, nimmt Anlauf und schwingt sich aufs Langohr. Klein-Ludger klammert seine schlaksigen Beine schlangengleich um den runden Bauch des Eselchens und saust im wilden Schweinsgalopp aus dem Stall. So werden Olympiasieger geboren! ...“

Eine schöne Geschichte - zu schön, um wahr zu sein.

Auch wenn in allen Gazetten der Republik zu lesen steht, daß Ludger Beerbaum auf einem Esel das Reiten gelernt hat, wollen wir jetzt mit der schönen Mär aufräumen und der Wahrheit die Ehre geben. In Wirklichkeit war es nämlich so: „Den Esel hat's schon gegeben. Er stand für ein paar Wochen bei Graf Metternich in Adelebsen im Stall. Ich habe aber keine drei Mal auf ihm gesessen.“ Irgendwann hat halt irgendwer die Story vom Eselreiter in einer Zeitung veröffentlicht. Und weil sie so possierlich war, haben die Journalistenkollegen sie dankbar übernommen.

Reittiere haben es Ludger schon in früher Jugend angetan.

Die Wahrheit liest sich aber auch ganz gut: Vater Horst wollte seinen achtjährigen Sohn im örtlichen Reiterverein in Adelebsen zum Unterricht anmelden. Als Gutsverwalter der riesengroßen Zuckerrüben- und Getreidefelder des Grafen Metternich hatte er selbst keine Zeit für solch ein aufwendiges Hobby. Tagsüber war der stämmige Landwirtschaftsmeister immer zur Stelle im gräflichen Anwesen, abends verlangten die vier Kinder nach dem Vater. So blieb Horst Beerbaum höchstens mal die Zeit, an einer Fuchsjagd teilzunehmen. Ludger: „Mit unserem Verständnis von Reiten hatte das natürlich nichts zu tun.“ Interessiert hat sich sein Vater aber schon für die Reiterei: Schließlich war er Gründungsmitglied des 1968 aus der Taufe gehobenen örtlichen Reitervereins im südniedersächsischen Adelebsen. Seinem Erstgeborenen sollte also ermöglicht werden, was dem Vater versagt blieb. Doch daraus wurde vorerst nichts.

Schon beim Zuschauen in der Reithalle verging dem sensiblen Kind die Lust aufs Pferd. Der Reitlehrer brüllte die Kommandos durch die Bahn. Wenn eine Lektion nicht wie gefordert klappen wollte, prasselte eine laute Standpauke auf Reiter und Pferd herab. Der strenge Umgangston, die mächtigen Pferde, das war nichts für den zurückhaltenden Buben. Wenn er auch sonst wagemutig war, von jedem Baum herunterhüpfte und keine Angst vor sportlichen Anforderungen hatte – Pferde waren nicht sein Metier. „Ich hatte einen Riesenrespekt", gibt er rückblickend gern zu.

Die Beerbaum-Kinder: Ludger, Ruth, Monika, Markus ...
... und einige Jahre später, anläßlich der Hochzeit des Jüngsten

„EIN DRAUFGÄNGER" - ABER MIT RESPEKT VOR PFERDEN

Mathilde Beerbaum wird heute noch bange, wenn sie an den Wagemut ihres Ältesten denkt. Sie beschreibt ihn als regelrechten Draufgänger, dem kein Baum zu hoch, kein Graben zu tief war. Überall wurde reingesprungen, drübergehüpft, draufgeklettert. „Er hat sich alles getraut." Aber er war ein eher introvertiertes Kind. Mutproben bestand er am liebsten vor sich selbst. Vielleicht ein Grund dafür, daß er nicht viele Freunde hatte. Mathilde Beerbaum kann sich noch gut daran erinnern, wie sich ihr Sohn gegen den ersten Reitunterricht gewehrt hat: „Ludger mochte nicht hart angefaßt werden."
Er habe es auch vermieden, mit Freunden zu sehr herumzutollen. Gegen zärtlichen Körperkontakt gab es allerdings nichts einzuwenden. Im Hause Beerbaum wurde mit den Kindern viel geschmust - aber auch von ihnen gefordert. Vater Horst duldete so schnell keinen Widerspruch und schonte seinen Erstgeborenen nicht.
Für Markus übernahm der sieben Jahre ältere Bruder schon bald die Rolle des beschützenden großen Bruders. Die Mutter sah sich öfter veranlaßt, ihren Jüngsten zu eigener Selbständigkeit zu ermuntern.
Es hat gewirkt: Markus hört zwar noch immer - mehrfach am Tag per Telefon - auf die Ratschläge seines Bruders. Als Reiter und Geschäftsmann hat Markus aber erfolgreich seinen eigenen Weg eingeschlagen.

Immer wieder suchte der Schüler nach Ausreden, um nicht in die Reitstunde zu müssen. Viel lieber vergnügte er sich mit Freunden beim Fußballspielen. Sogar den Meßdiener in der Kirche machte er lieber, als sich in der Reitbahn an die Kandare nehmen zu lassen.

Die Kurve zum Pferd schaffte er dann doch noch: ausgerechnet mit seinem Freund Bernd, dem Sohn des strengen Reitlehrers. Bei dem stand ein Norweger im Stall. Dieses brave Tier war so, wie es in den Fan-Zeitschriften beschrieben wird: sanfte Augen, glänzendes helles Fell, weiche Nüstern, die sich über jede liebkosende Patschhand freuen. Kurz – das Pferdchen tat keinem was zuleide. Es wurde von den beiden Buben gestriegelt, gehätschelt und gestreichelt, hin und wieder vor eine Kutsche gespannt und diente den Jungs eher als Spiel- denn als Sportkamerad. Der Vierbeiner wurde brüderlich geteilt: Nach dem Putzen und Satteln durfte jeder mal eine Strecke reiten, begleitet vom nebenherradelnden Freund.

Links: Zwei Freunde, ein Pferd: Dieser Norweger wurde von Bernd und Ludger brüderlich geteilt.

Rechts: Das Anwesen des Grafen Metternich, in dem Vater Beerbaum Gutsverwalter war. Ludger: „Auf diesem Hof verbrachten wir Kinder eine herrliche Jugend."

Der Kontakt zum Pferd war damit schon hergestellt. Der Funke sprang zwar noch nicht regelrecht über, kleine Blitze trafen aber vereinzelt ins Kinderherz. Ludger willigte nach einer Weile ein, die scharfen Korrekturen im Kavallerieton über sich ergehen zu lassen.

Die Reitstunden gefielen ihm dann gar nicht schlecht. Er lernte schnell, zeigte Talent und setzte das Geforderte mit Geschick um. Nachdem die Grundlektionen halbwegs saßen, sollten die Fortschritte der Jungs beim ersten Turnier einer richterlichen Überprüfung unterzogen werden. Ludger sattelte hierfür die polnische Stute Dunja. Die Braune gehörte dem Grafen Metternich, Ludgers erstem Sponsor und Arbeitgeber seines Vaters.

Abteilungsweise wurde beim Reiterwettbewerb der Kategorie C in Adelebsen geritten. Mutter Mathilde, Vater Horst und die drei Geschwister standen vereint am Zaun des Reitplatzes und drückten die Daumen. Den sieben Jahre jüngeren Markus interessierten die Reitfortschritte seines älteren Bruders allerdings nicht im geringsten. Auch nicht die Benotung der Richter: Der große Bruder wurde auf Anhieb Dritter. Sehr zum Ärger seines eigenen Reitlehrers. Dessen Sohn erreichte nur den vierten Platz.

Als die Noten bekanntgegeben wurden, konnte der Reitlehrer seinen Zorn nicht verbergen. Anstatt sich mit dem erfolgreichen Schüler zu freuen, platzte dem ehrgeizigen Profi beinahe der Kragen. Er wetterte gegen Ludgers gute Plazierung und vertrat vehement die Auffassung, sein Sohn hätte siegen müssen. Den stolzen Beerbaums vermieste er beinahe noch die Freude

Mit zehn Jahren sitzt Ludger schon korrekt im Sattel.

mit der Behauptung, Ludger sei nur deshalb gut benotet worden, weil er das Pferd des Grafen ritt. „Die Diskussion vergesse ich mein ganzes Leben nicht", kann Ludger, inzwischen tausendfacher Sieger, heute lachen. Politik im Reitsport – ein Thema, das ihn von Beginn seiner Karriere an treu begleiten sollte.

Mit Dunja hatte sich Ludger gut arrangiert. Die Stute lag dem sportlichen, großgewachsenen Jungen, sie war lammfromm, ging auch bei den Dressurlektionen an den Zügel und war leicht zu reiten. Kaum zwei Monate nach dem ersten Turnier folgte für das Gespann Ludger/Dunja der zweite Start. Das Paar siegte – und Ludger fand immer mehr Gefallen an der Reiterei. Die polnische Stute Dunja tat das ihre dazu, sie war ein echtes Kinderlernpferd. Zwar spielte Ludger noch immer gern Fußball mit seinen Schulkameraden. Doch plötzlich war er angesteckt: Pferdevirus! Nach der Schule führte der Weg nun zuerst in den Stall, nicht mehr zum Bolzplatz. Der Bub war eifrig, wollte reiten – und dabei gewinnen. Ein Wesenszug, der besonders seinen Vater mit Stolz erfüllte.

Bei seinem allerersten Start in einer richtigen Springprüfung passierte ihm dann ein Fehler, der ihm seither nie mehr passiert ist.

Und dabei hatte der kleine Parcours so schön begonnen: Die Sprünge eins, zwei und auch drei überwinden die beiden fehlerfrei. Das Paar galoppiert zur nächsten Kombination. Auf dem Weg dahin versperrt plötzlich das Hindernis mit der Nummer sechs den Weg. Drüber, in einwandfreier Manier. Bimm, bimm, bimm – die Richterglocke: Verritten! Ludger wird natürlich disqualifiziert.

Das tat weh. Den Tränen nahe, mußte Ludger von der mitfühlenden Mama getröstet werden. Monate nach dem Alptraumritt wachte er noch einige Male erschrocken auf, so sehr plagte ihn das Mißgeschick.

Der kleine Fauxpas hatte aber keine Auswirkungen auf die weitere Karriere. 1978 wurde Ludger mit 15 Jahren Bezirksmeister in Springen und Dressur.

Noch immer reitet er die Pferde des Grafen, manchmal steigt er auch für einen Viehhändler aus der Nachbarschaft in den Sattel. Ein eigenes Pferd kommt für die Beerbaums nicht in Frage. Die Familie lebt recht bescheiden. „Bei uns zu Hause spielte das Thema Kindergeld eine Rolle", entsinnt er sich ohne Scham. Vater Horst ist alleiniger Ernährer, Mutter Mathilde muß die vier Kinder Ludger, Ruth, Monika und Markus großziehen. Beerbaums können sich finanziell keine großen Sprünge erlauben, die Kinder wissen das.

Ludger Beerbaum hat schon zwei Deutsche Meisterschaften mit großem Erfolg bestritten, als er Lederreitstiefel bekommt. „Das war für mich kein Problem", meint er im Rückblick. „Ich bin halt viel gewachsen, da hätte sich so eine Anschaffung gar nicht gelohnt." Modischen Gruppenzwängen konnte er sich als Jugendlicher nicht beugen. Mußte er auch nicht. Denn die Mädchen schwärmten ohnehin für den attraktiven Nachwuchsreiter. Blauäugig, schlank, sportlich, immer ein bißchen schüchtern und damit geheimnisvoll – das gefiel den Teenies. Mutter Mathilde, eine zierliche Frau mit lebhaften, großen Augen, bestätigt gern: „Er war ein Mädchenschwarm." Mit oder ohne Lederstiefel.

Auch das passierte dem späteren Olympiasieger: Verweigerung im Parcours.

Die Beerbaum-Kinder lernten, daß materielle Dinge nicht so wichtig sind. Das Ziel der Eltern war, aus den Kindern „ordentliche Menschen" zu machen. Dazu bedurfte es keiner Millionen. Der Zusammenhalt der Familie war wesentlicher Bestandteil der Erziehung.

Einer für alle – alle für einen. Bei Turnieren, die so weit von zu Hause weg waren, daß sich die Heimfahrt über Nacht nicht

Ein Bild, das sowohl die Herzen der Pferdekenner als auch die Herzen der Mädchen schlagen ließ.

gelohnt hätte, schliefen Ludger und sein Bruder Markus schon mal bei den Pferden im Stallzelt. Ludger erinnert sich besonders an die Deutschen Meisterschaften der Jungen Reiter in Soltau 1984.

Schon als sie am Turnierplatz ankommen, ist es bitterkalt. Das Stallzelt steht unter Nebel, so dampft es aus den Nüstern der in Ständern eingestellten Pferde. Ludger und Markus richten sich ihr gewohntes Turnierlager mit Decken, Sätteln und Trensen ganz nahe bei den Tieren ein. Doch beide Jungs bibbern um die Wette. Ludger friert wie ein Hund und macht sich auch ernsthafte Sorgen um das Wohlergehen seines kleinen Bruders. Er überlegt lange, bevor er im mäßig gefüllten Portemonnaie kramt. Dann fällt er den Entschluß: Sie nehmen ein Einzelzimmer für 22,50 Mark und schlafen aneinandergekuschelt in einem Bett.

Auch heute noch ist das Wohl der Familie für Ludger Beerbaum die wichtigste Aufgabe. Geht es dem Clan gut, dann geht's auch ihm gut. Ludger wurde von Kindheit an vermittelt, daß „jeder Mensch gleich wertvoll" ist. Einer könne halt schneller rennen, der andere höher springen.

Mutter Mathilde prägte die Familie. „Bei Beerbaums wird geküßt", bemerkte ein Verwandter nach einer Zusammenkunft. „Ich habe mit allen Kindern viel geschmust", erzählt die warmherzige Dame mit den wachen Augen noch heute gern. Ludger hat's verinnerlicht. Mit Kindern kann er es besonders gut. Da schmelzen die oft bemühten Attribute wie Kühlheit und Distanz dahin wie Butter an der Sonne.

Wie in allen kinderreichen Familien ist bei den Beerbaums ein besonderes Symptom zu beobachten: Hunger nach Erfolg. Die Mutter hat sich zum Ziel gemacht, alle viere zum Abitur zu führen. Vater fördert die sportlichen Leistungen des Ältesten, und der will mit aller Kraft besser reiten als alle anderen. Er hat den ganz besonderen Biß, der ihn auch heute noch prägt. Wenn Ludger Beerbaum etwas will, dann erreicht er das auch – fast immer. Das war schon in früher Jugend so.

Wenige Momente vor großen Auftritten im Parcours scheint er in eine andere Welt zu entschwinden, gar nicht mehr zu registrieren, was um ihn herum geschieht. Dann ist er allein mit sich, gefangen in tiefster Konzentration vor der bevorstehenden Aufgabe. Meist stützt er dann das Kinn mit beiden Fäusten, kneift die Augen zusammen, schaut durch vermeintliche Gesprächspartner hindurch. Im Parcours ist er dann voll da. Wenn er einreitet, sieht jeder Zuschauer, daß da einer auf dem Platz galoppiert, der sich nicht verstecken will, sondern sein Metier absolut beherrscht.

Feinfühlig überm Sprung war er schon mit 16.

Höchste Konzentration - so ist es bis heute geblieben (Aachen 1998).

Schon vor dem ersten Sprung hat er sich und sein Pferd unter absoluter Kontrolle. Die Hindernisse und Kombinationen werden genau so geritten, wie er es sich beim Abgehen des Parcours vorgenommen hat. Will er eine Distanz von sechs Galoppsprüngen zwischen den Hindernissen reiten, dann muß sein Pferd sehr gute Gründe dafür haben, daß sich Ludger von fünf oder sieben Sprüngen vor dem nächsten Absprung überzeugen läßt.

Die Spannung löst sich nach Durchreiten der Ziellinie. Innerhalb einer Sekunde kehrt Ludger zurück ins Diesseits, ist körperlich und geistig wieder voll präsent. Dann reagiert er sofort auf die wartenden Begleiter hinter der Absperrung, dann sprudeln schon Kommentare zum eben Geleisteten aus ihm heraus.

Der „Schwäbischen Zeitung" präsentierte sich Ludger Beerbaum 1996, lange schon Profi, Weltranglisten-Erster seit Jahren und international hoch angesehen, als zielstrebiger und selbstbewußter Mensch. Auf die Geldfrage in seinem Sport angesprochen, sagte er: „Vorne in der Weltrangliste stehen die, die das meiste Talent haben. Da finden Sie keinen Millionärssohn." Geld allein mache noch keinen Goldreiter. Doch sie seien ihm willkommen, die Millionäre.

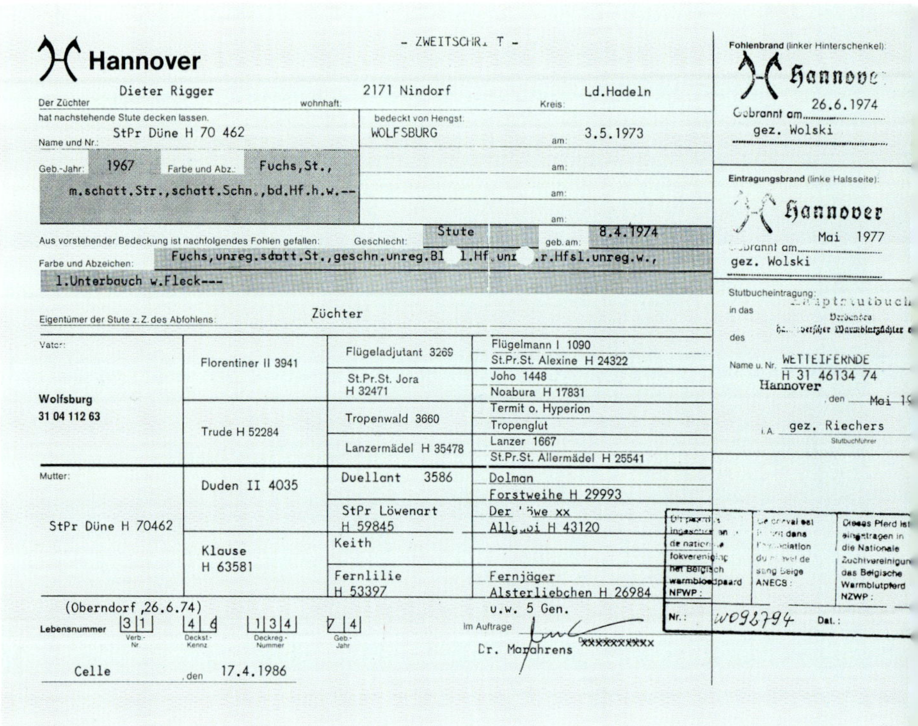

Hannover — ZWEITSCHR. T —

Der Züchter: Dieter Rigger, wohnhaft: 2171 Nindorf, Kreis: Ld.Hadeln

hat nachstehende Stute decken lassen. Name und Nr.: StPr Düne H 70 462 — bedeckt von Hengst: WOLFSBURG am: 3.5.1973

Geb.-Jahr: 1967 Farbe und Abz.: Fuchs,St., m.schatt.Str.,schatt.Schn.,bd.Hf.h.w.--

Aus vorstehender Bedeckung ist nachfolgendes Fohlen gefallen: Geschlecht: Stute geb. am: 8.4.1974

Farbe und Abzeichen: Fuchs,unreg.schatt.St.,geschn.unreg.Bl l.Hf.un .r.Hfsl.unreg.w., l.Unterbauch w.Fleck---

Eigentümer der Stute z. Z. des Abfohlens: Züchter

Vater: Wolfsburg 31 04 112 63	Florentiner II 3941	Flügeladjutant 3269	Flügelmann I 1090
			St.Pr.St. Alexine H 24322
		St.Pr.St. Jora H 32471	Joho 1448
			Noabura H 17831
	Trude H 52284	Tropenwald 3660	Termit o. Hyperion
			Tropenglut
		Lanzermädel H 35478	Lanzer 1667
			St.Pr.St. Allermädel H 25541
Mutter: StPr Düne H 70462	Duden II 4035	Duellant 3586	Dolman
			Forstweihe H 29993
		StPr Löwenart H 59845	Der Löwe xx
			Allg[illegible] H 43120
	Klause H 63581	Keith	
		Fernlilie H 53397	Fernjäger
			Alsterliebchen H 26984

(Oberndorf ,26.6.74) u.w. 5 Gen.

Lebensnummer 31 46 134 74 (Verb.-Nr., Deckst.-Kennz, Deckreg.-Nummer, Geb.-Jahr)

Im Auftrage Dr. Marahrens XXXXXXXXXX

Celle, den 17.4.1986

Fohlenbrand (linker Hinterschenkel): Hannover — Gebrannt am 26.6.1974 gez. Wolski

Eintragungsbrand (linke Halsseite): Hannover — Gebrannt am Mai 1977 gez. Wolski

Stutbucheintragung: in das Hauptstutbuch des Verbandes hannoverscher Warmblutzüchter e.V.

Name u. Nr. WETTEIFERNDE H 31 46134 74

Hannover, den Mai 19..

i.A. gez. Riechers, Stutbuchführer

Dit paard is ingeschreven aan de nationale fokvereniging het Belgisch warmbloedpaard NFWP: — Le cheval est inscrit dans l'Association du cheval de sang Belge ANECS: — Dieses Pferd ist eingetragen in die Nationale Zuchtvereinigung das Belgische Warmblutpferd NZWP:

Nr.: W092794 Dat.:

Da hatten sich zwei gefunden – Wetteifernde hieß sein erstes Erfolgspferd.

Es spielen eben viele Faktoren zusammen, um aus einem normal talentierten Jungen einen großen Sportler zu machen.

Glück zum Beispiel. Ludger, dem Tüchtigen, war es 1978 hold. Damals bekam er die viereinhalbjährige Stute Wetteifernde (Vater: Wolfsburg, Mutter von Duden II) unter den Sattel. Mit ihr gelang ihm der Sprung von den rustikalen Dorffesten aufs blankgeputzte internationale Turnierparkett. Die Fuchsstute gehörte Reinhard Engling, einem Mitarbeiter seines Vaters, der, wie sich Ludger erinnert, ein eher „hemdsärmeliger Reiter" war. Dessen reiterliche Bemühungen, das Pferd als Partner für sich zu gewinnen, scheiterten kläglich. Also hatte er ein Einsehen mit sich und seinem Pferd und gab es resigniert an den talentierten Junior weiter.

„Im ganzen Raum gab es kein Pferd mit dieser Klasse", schwärmt Ludger noch heute. Weil er weiß, was er seinem ersten richtigen Turnierpferd zu verdanken hat, darf die Stute jetzt ihre letzten Lebensjahre mit dem verdienten Rentner Rush on auf der Weide in Riesenbeck verbringen. Ein langgehegter sentimentaler Wunsch hat Ludger veranlaßt, sein erstes Erfolgspferd aus einem belgischen Verhau herauszukaufen und es in seine Umgebung zu bringen. Bemerkenswert ist, daß Wetteifernde ihrem Reiter nie gehörte. Erst als sie längst aus dem Sport verabschiedet war, hat Ludger sie gekauft.

Bevor es mit der Stute so richtig losgehen konnte, wäre aber fast alles aus gewesen. Ein Reitunfall kostete Ludger Beerbaum beinahe das Leben.

Damals half der kleine Bruder dem großen auf Turnieren noch als Pfleger aus.

Den etwas geraden Rücken überm Sprung machte die Stute mit großer Vorsicht und gutem Willen wieder wett.

DER UNFALL

Es geschah am 1. November 1978. Schon seit Tagen fiebern die Burschen im Verein dem alljährlichen Vereinshöhepunkt, der Herbstjagd, entgegen. Alle helfen sie mit, die Strecke wieder attraktiv und anspruchsvoll zu gestalten. Ludgers Vater hat Traktoren zur Verfügung gestellt, im Gelände wird eine Strecke abgesteckt. Alternativen fürs schwache Feld und Sprünge für die etwas besseren Reiter werden gebaut.

Als die festen Hindernisse fertig sind, gibt es kein Halten mehr. Die Jugendlichen wollen ihre Strecke testen.

Auch Ludger und ein Freund vom Nachbarhof wollen den Praxistest machen. „Wir hatten uns an diesem 1. November auf dem Reitplatz verabredet. Wir wollten uns Punkt 1 Uhr nach dem Mittagessen treffen." Als zehn Minuten über der Zeit noch kein Kumpel aufgetaucht war, „gab's auch für mich kein Halten mehr". Er ahnt nicht, wie verhängnisvoll die Entscheidung werden würde, früher aufzubrechen. Er gibt der unerfahrenen Stute Elaisa die Sporen und galoppiert allein los. Nicht einmal einen Helm hat er auf dem Kopf ...

Es ist herrlich. Der Boden ist weich, die Herbstsonne scheint auf die rotgolden schimmernden Blätter des Waldes. „Ich hatte diese junge braune Stute vom Viehhändler Fricke aus der Nachbarschaft dabei. Sie war gegen Ende der Strecke völlig kaputt. Es war total leichtsinnig von mir", sagt er heute, erfahren in solchen Dingen. Beim vorletzten Hindernis im Wald mag die Braune nicht einmal mehr abspringen. Ludger will die Überforderung des Tieres nicht wahrhaben. Noch ganz vom Rausch der Geschwindigkeit gefangen, gibt er dem Pferd die Hilfe zum Absprung. Es passiert – nichts. „Sie ist gar nicht mehr abgesprungen, sondern mitten durch die Stangen gerannt. Ich flog in hohem Bogen durch die Luft, das Pferd hinter mir her." Die Erinnerung an den kapitalen Sturz ist noch immer präsent. „Ich fiel auf einen abgesägten Baumstumpf, das Pferd auf mich drauf – das ist das letzte, was ich noch weiß. Ich war dann gleich bewußtlos."

Viel später hat er mit Eltern und dem Freund das Geschehen rekonstruiert: Ludger mußte an die zehn Minuten hilflos auf dem Waldboden gelegen haben, als sein Kumpel um die Ecke gebogen kam. „Wenn der nicht mehr gekommen wäre, wäre ich dort jämmerlich innerlich verblutet." Das junge Pferd war längst über alle Berge. Klatschnaß, verstört und völlig verausgabt war es in den Nachbarort gerannt. Ludgers Freund sah den leblosen Reiter am Boden liegen. Er handelte instinktiv und richtig. So schnell er konnte, galoppierte er zu Mutter Mathilde, die gleich den Krankenwagen anrief.

Ludgers Schutzengel muß Reitfan sei. Denn noch einmal halfen glückliche Umstände, das Leben des Buben zu retten. Der örtliche Krankenwagen hätte die weite Fahrt zur Unfallstelle mit großer Wahrscheinlichkeit nicht mehr geschafft, aber zufällig war ein Notarztwagen auf dem Nachhauseweg von einem Einsatz im Nachbarort. Per Funk konnte der Rettungswagen samt Unfallarzt in den Wald gelotst werden. Sofort wurde der Schwerverletzte versorgt. „Aufgewacht bin ich dann nach einer Woche im Sauerstoffzelt. Meine Mutter saß neben mir." Die Intensivstation durfte Ludger erst nach über zwei Wochen verlassen.

Die Ärzte diagnostizierten schwere Rippenbrüche. Zwei der drei Lappen des rechten Lungenflügels mußten entfernt werden. Die Eltern bangten über eine Woche lang um das Leben ihres Sohnes. Das Thema Reiten stand längere Zeit nicht mehr zur

Debatte. Nach überstandener Operation kam eine langwierige Gelbsucht dazu.

Das Zwischenzeugnis im Gymnasium fiel in diesem Jahr aus, denn von November 1978 bis zum Februar 1979 fehlte Ludger fast komplett in der Schule. „Die Lehrer haben meinen Eltern empfohlen, mich die neunte Klasse wiederholen zu lassen. Aber da habe ich gestreikt.“ Der eigenwillige Kranke drohte, bei einer zwangsweisen Wiederholung nach der zehnten Klasse die Schule dann ganz zu verlassen. Das hat gewirkt. Nun mußte er aber auch richtig „ranklotzen“, um es sich, seinen Eltern und den Lehrern zu beweisen.

Auch mit der Reiterei ging es bergauf. „Im März 1979 bin ich schon wieder das erste Turnier geritten. Nach dem Start ließ es sich gut an, doch schon beim zweiten Sprung bin ich ohne jeglichen Halt – schwupp – in hohem Bogen runtergeflogen. Mein Vater hat wohl gedacht, jetzt ist alles im Eimer – ich auch. Ich bin dann aufgestanden, habe mich abgetastet – alles in Ordnung. Ich habe mich abgeklopft, Pferd eingefangen und weiter – echt verbissen. Meine Mutter war gar nicht dabei, Gott sei Dank.“

Die Folgen seines Sturzes im Wald waren noch Jahre später sichtbar. Die Bundeswehrärzte musterten Ludger als untauglich aus.

AUF DER ERFOLGSLEITER

Durch seinen unbändigen Ehrgeiz und enormen Willen machte er die Handicaps in Schule und Sport wieder wett. Er holte Mathe, Deutsch und die anderen Fächer auf, arbeitete an seiner Kondition und schaffte reiterlich mit Wetteifernde den Anschluß an die Spitze.

Neun Jahre lang gehörte der Gymnasiast als Junior und Junger Reiter in seiner Altersklasse zur Spitze. 1981 wurde er bei seinen ersten Deutschen Meisterschaften gleich Vizemeister der Junioren und war „unendlich stolz“. Ein Jahr später startete er als Junger Reiter und belegte bei der DM wieder den zweiten Platz. Silber gewann er auch 1984 mit Wetteifernde. Im selben Jahr vertrat Ludger Beerbaum zum ersten Mal die Bundesrepublik Deutschland bei der Europameisterschaft der Jungen Reiter in Cervia. Er gewann mit der Mannschaft Bronze und wurde auch im Einzelwettbewerb Dritter.

Vorbild des zielstrebigen Jungen war Gerd Wiltfang. Der „Wilde“, wie sie den Weltmeister von 1978 in Aachen nannten, war der Ästhet im Sattel. Ludgers erste Freundin Susann schenkte ihm ein eigens zusammengestelltes Fotoalbum, in das sie nebeneinander Fotos von beiden Reitern geklebt hatte. Das

Album steht noch inmitten der Goldmedaillen und vielen Ehrenpreise in Beerbaums neuem Zuhause in Riesenbeck.

Noch zu Wiltfangs Lebzeiten brillierte Ludger Beerbaum im Kader von Hermann Schridde, dem legendären Bundestrainer, der bei einem Flugzeugabsturz tödlich verunglückte. Ludger verbrachte seine Schulferien bei Wiltfang und auch bei Schridde.

Doch nicht nur den Trainern fiel er auf. Der von unbändigem Ehrgeiz getriebene Reiter gefiel auch dem damals ersten Pferdemann der Republik, Paul Schockemöhle. Dieser bot Ludger an, ins Zentrum der Springreiterei, nach Mühlen, zu kommen und dort mit dem schon erfolgreichen Franke Sloothaak zusammen Schockemöhle-Jockey zu sein. Ein verlockendes Angebot, an das er bisher in den kühnsten Träumen nicht zu denken gewagt hatte. Das sahen alle gleichaltrigen Reiterkollegen ebenso. Nur Mutter Mathilde nicht.

Ludger baute 1983 sein Abi mit ganz guten Noten. Physik und Gemeinschaftskunde wählte er als seine Leistungsfächer, in Musik und Sport wurde er in den Grundkursen geprüft. Nach erfolgreich bestandener „allgemeiner Hochschulreife“ entschloß er sich, an der Universität Betriebswirtschaft zu studieren. Mit seinem alten Passat zuckelte er also nach Göttingen, um sich dort zu immatrikulieren. Doch schon bald merkte der Jungakademiker, daß das freie Unileben viel zuviel Freizeit zuließ. „Ich bin immer schon gut gewesen, wenn viel Druck dahinter ist“, weiß sich Ludger einzuschätzen. Die Studiererei hat ihm überhaupt nicht gefallen. Da kam Paul Schockemöhles Offerte gerade recht. Doch wie sag ich's der Mama? Ludger blieb einige Wochen lang zu Hause, machte gut Wetter und versprach, sich nach zwei eingeschobenen Urlaubssemestern wieder Block, Bleistift und betriebswirtschaftlichen Büchern zu widmen. Mutter Mathilde und der Familienrat willigten ein.

Das Studium hat er nicht wieder aufgenommen. Sehr zur Freude seiner Fans ...

▶ Mühlen

Paul Schockemöhle ist mit vielen Talenten gesegnet. Als Reiter, Züchter, Trainer und Cheftaktiker bei internationalen Wettbewerben hat er mehr erreicht, als einigen Offiziellen bei der Deutschen Reiterlichen Vereinigung (FN) lieb war. Vor allem aber ist Paul Schockemöhle Kaufmann. „Der stolpert über 'nen rostigen Nagel und denkt ans Stahlgeschäft, der sieht ein Hühnerei und denkt an eine Eierlegefabrik." So charakterisiert ihn einer, der das professionelle Gebaren in reitsportlichen Belangen von Paul Schockemöhle aufgenommen und eins zu eins umgesetzt hat: Ludger Beerbaum. Er hat in seinen vier Mühlener Lehrjahren gelernt, daß sein früherer Chef bei all seinem Tun stets irgendeinen Hintergedanken hegt. Selbst vermeintlich spontane Reaktionen sind reiflich überlegt, ohne Taktik läuft nichts.

So handelt auch Ludger Beerbaum. Wenn sich der mehrfache Olympiasieger beispielsweise ins Städtchen Donaueschingen begibt, um dort einen neuen Rasenplatz zu beurteilen, oder sich als „Botschafter" des Reitturniers in Stuttgart vor den Werbekarren spannen läßt, so verfolgt er damit natürlich ureigene Ziele – er bringt sich und seinen Springsport positiv in die Schlagzeilen und erfreut damit gleichzeitig Sponsoren, ohne die sein Geschäft nicht zu bezahlen wäre.

Es verwundert daher nicht, wenn der erste unter Paul Schockemöhles Untergebenen sich im Rückblick „absolut sicher" ist, daß er den Ruf nach Mühlen mitnichten seiner talentierten Reiterei zu verdanken hatte. Schockemöhle, ganz Verkäufer, habe seine leichtrittige Wetteifernde den Mühlener Kunden anbieten wollen. Als Ludger – bauernschlau und taktisch ganz versiert – angesichts der lukrativen Angebote und der sich daraus ergebenden Provision gerade mal mit der Wimper zuckte, legte Schockemöhle noch ein Bonbon dazu. „Wenn du willst, kannst du ja mit der Stute nach Mühlen kommen und dort eine Zeitlang trainieren", meinte er so nebenbei beim Turnier in Hannover, im November 1984.

Das hat den unzufriedenen Studenten gelockt. Ludger wußte, daß Paul Schockemöhle solch eine Offerte nur den besseren unter den Reitern machte: Eddie Macken war schon Reiter in Mühlen, Albert Voorn, ganz zu schweigen von Franke Sloothaak. Der Amateur mit Profiambitionen spürte seine Chance und ergriff die Gelegenheit.

Schockemöhle wird von allen Pferdeleuten rund um den Globus schlicht „Paul" genannt und auch geduzt. Autorität hat nichts mit der Form der Anrede zu tun. Mit „Paul" verhält es sich wie mit „Franz": Wer Beckenbauer und Schockemöhle mit Vornamen ansprechen darf, gehört zum Inner circle in Sachen Fußball oder Pferdesport. Ludger konnte sein Glück eigentlich nicht fassen. Gestern noch Amateur mit Profiträumen, heute schon im Dunstkreis von Olympiasiegern. Er war mittendrin und wollte es auch bleiben. Die erste richtig schwere Stufe auf der Karriereleiter war mit Leichtigkeit genommen.

Da ist vorn! - Dirk Hafemeister, Ludger und Paul Schockemöhle

Paul Schockemöhles Pferdegeschäft fußte schon 1985 auf drei Säulen. Der „Machtmensch aus Mühlen“ (Fachmagazin St. Georg) suchte erstens ein hochklassiges Lot für die jährlich in Ankum stattfindende P.S.I. Auktion aus bundesdeutschen Ställen zusammen. Bei diesem teuersten Jahrmarkt der Pferdeszene werden Pretiosen ganz besonderen Blutes und Vermögens feilgeboten. Hochplaziert, mit Siegesschleifen auf Bundeschampionaten und bei schweren Springen dekoriert, so werden die ausgesuchten Dressur- und Springcracks von nicht minder erfolgreichen Reitern präsentiert und nach höchsten Zuschlägen von ebensolchen Kollegen auf internationaler Bühne vorgestellt.

Um bei den P.S.I. Auktionen richtig Geld verlangen zu können, mußten Erfolge beim Bundeschampionat gleich serienweise erritten werden. Ludger war gemeinsam mit Franke Sloothaak, der Belgierin Evelyn Blaton und dem vom Stallburschen zum Reiter aufgestiegenen gebürtigen Holländer Gerardus Krijnen mit dafür verantwortlich. Ganze LKW-Ladungen voller Auk-

Teuerster Jahrmarkt der Pferdeszene: die P.S.I. Auktion in Ankum

tionskandidaten wurden jährlich zum Bundeschampionat, quasi einer Miß-und Misterwahl für Pferde, gekarrt und – sehr zum Leidwesen der kleinen Züchter – hochprofessionell in Szene gesetzt.

Eine zweite, sehr einträgliche Säule des Unternehmens Mühlen bildete der tägliche Handel mit Pferden. „Ich war eigentlich niemals Verkaufsreiter", stellt Ludger klar. Rein optisch war er mit seinen 1,89 Metern viel zu groß für die meisten Pferde. „Auktionsreiter bin ich auch niemals gewesen. Das hat Franke übernommen." Franke Sloothaak galt schon immer als Genie im Sattel. Wenn Sloothaak ein Pferd über die Hindernisse ritt, dann wirkte das kinderleicht. Noch heute sieht man ihn selten grobe Paraden geben oder hart am Zügel ziehen. Instinktiv schien er immer alles richtig zu machen. Ludger Beerbaum hingegen mußte sich das Reiten härter erarbeiten. Seine Fingerspitzen führten aus, was ihnen der kühle Kopf befahl. Schon beim Zusehen konnten alle Reitinteressierten erkennen, daß sich Ludgers Pferde dem Reiter völlig unterzuordnen hatten. Diese Reitweise hat sich erst mit zunehmender Erfahrung und mit dem Alter geändert.

Schockemöhle sah bald, daß Ludger seinen ganzen unbändigen Willen und seine enorme Cleverneß daran setzte, sportlich nach oben zu kommen. Auch deshalb verfolgte der Chef eine ganz neue Strategie: „Paul hatte die fixe Idee, ein ganzes Nationenpreisteam aus dem Turnierstall Mühlen zusammenzustellen." (Beerbaum)

Diese dritte Säule als künftiger Meistermacher reizte Schockemöhle besonders und sicherte ihm zudem enormen Einfluß in der von ehrenamtlichen Mitgliedern dominierten Deutschen Reiterlichen Vereinigung (FN). Er selbst ritt zu der Zeit noch seinen Deister, mit dem er 1985 zum dritten Mal in Folge Europameister wurde. Der gebürtige Niederländer Franke Sloothaak war schon 1984 für Deutschland mit Farmer bei den Olympischen Spielen in Los Angeles am Start gewesen.

Ludger Beerbaum sollte der dritte Mühlener im Bunde werden. „Das war natürlich meine Riesenchance. Landlord und Wiener Domspatz wurden meine Turnierpferde. Es hätte Interessenten für sie gegeben. Aber Paul hat sie nicht verkauft.“ Beerbaum weiß, was er Paul Schockemöhle zu verdanken hat. Die Chemie zwischen den beiden stimmte von Anfang an, vielleicht weil sich hier zwei ähnliche Charaktere begegneten, die einander – noch – nicht gefährlich wurden.

Der Tagesablauf in Mühlen ließ keine Zeit für Nebensächlichkeiten: Frühmorgens wurde mit dem Reiten begonnen, abends damit aufgehört. In den Mittagspausen sah man dem Chef beim Reiten zu, an den Wochenenden ging's zum Turnier. Die Gespräche kreisten nur um zwei Themen: Reiten und Pferde.

Seoul 1988: Letzte Anweisungen vom Chef vor dem olympischen Mannschaftsspringen (Dirk Hafemeister, Ludger Beerbaum, Paul Schockemöhle, von links)

Das Busineß bestimmte den Tagesablauf. Selten wurde gemeinsam eine Kneipe besucht, nie zusammen ins Kino oder die Disko gegangen. Das einzige Hobby ohne Pferdebeteiligung war, miteinander zu karteln. „Geramscht“ wird heute noch an langweiligen Turniermittagen.

Die ersten sechs Monate mußte Ludger die ihm per Kreidetafel zugeordneten Pferde ohne Pfleger versorgen. Der gerade dem Jungen-Reiter-Alter Entwachsene arrangierte sich mit der Situation auf seine Weise: „Jetzt kann ich's ja zugeben. Ich habe schon damals nicht gern 16 Pferde am Tag geritten. Manchmal standen zwar 16 auf der Liste – aber geritten habe ich nur zehn bis zwölf.“ Dafür gescholten wurde der schlaue Schlaks nicht.

Ludger: „Ich habe es trotzdem immer geschafft, allen im Stall das Gefühl zu geben, sämtliche 16 Pferde wären draußen gewesen und seien super gearbeitet worden.“ Paul hat ihn sogar wegen seines vorbildlichen Einsatzes vor den anderen gelobt. „Das war mir ein bißchen peinlich“, grinst er heute augenzwinkernd.

Ludger schaffte es ganz schnell, im Stallbereich des Unternehmens Schockemöhle zum Primus inter pares zu avancieren. Er war einfach einen Tick schneller, cleverer, frecher als die Kollegen. Wenn Ludger es darauf anlegte, standen seine Pferde als erste beim Hufschmied oder auf dem Transporter. Die Gabe zu erreichen, was ihm erstrebenswert erscheint, erklärt er selbst damit, er sei „einfach so aufgewachsen – immer mit den Ellbogen“. Zur persönlichen Ehrenrettung möchte er im nachhinein nicht versäumen anzufügen, daß keines seiner Pferde jemals eine Kolik wegen mangelnder Bewegung unter dem Sattel bekommen hat.

Das „Dreamteam“ der deutschen Reiterei: Ludger Beerbaum, Paul Schockemöhle und Franke Sloothaak beim Bundeschampionat 1988

Vielleicht hielt der Chef auch deshalb so große Stücke auf den Neuen, weil dieser sich im Turnierzirkus kometengleich in Szene zu setzen wußte. Andere Reiter träumen davon, einmal im Leben in einem Nationenpreis für Deutschland an den Start gehen zu dürfen. Für den „vom Reitsport Besessenen“ (Beerbaum über Beerbaum) ertönte das Startzeichen als Nationenpreisreiter schon im ersten Jahr in Mühlen, 1985, gleich sieben Mal. Er startete mit Saloniki in Dublin und in Belgien (zweimal fehlerfrei) und in St. Gallen (zweimal fehlerfrei), dann ging's über den großen Teich zum bis dahin höchstdotierten Turnier ins kanadische Calgary, dann auf die Wintertour nach Washington, New York, Toronto.

Vater, Mutter und die drei Geschwister staunten im verschlafenen Adelebsen nicht schlecht, was für ein Kosmopolit aus ihrem in sich gekehrten Ältesten geworden war. Mutter Mathilde machte sich denn auch bald keine Hoffnung mehr auf die Fortsetzung des abgebrochenen Studiums.

Ludger lernte schnell, wie er sich in den VIP-Zelten der internationalen Turniere angemessen zu bewegen hatte. Doch er blieb sich dabei treu – einem Kelch voll Champagner zieht er noch immer eine Apfelsaftschorle vor. Nur groß muß das Glas sein. Statt Krabbencocktail ißt er beim Italiener mit Genuß eine Pizza „Hawaii". Grund: „Ich mag Ananas so gern, am liebsten direkt aus der Dose."

WM IN AACHEN 1986

1986 erlebten die Mühlener Lohnreiter das Weltmeisterschaftsfinale in Aachen noch als Zuschauer auf der Tribüne. Es begann mit dem Debakel des Duos Schockemöhle/Deister. Nach verkorkster Vorstellung im ersten Parcours des Nationenpreises stoppte Deister auf dem Abreiteplatz, sein Reiter fiel herunter. Anschließend verweigerte der Wallach im Parcours zweimal. Paul Schockemöhle zog vor heimischem Publikum die Kappe und verließ geschlagen die Aachener Soers. Der Chef von Ludger und Franke hatte sein Pferd auf dem Abreiteplatz schlichtweg überfordert.

Ludger weiß aus vielen Einsätzen bei wichtigen Prüfungen: „Die meisten Sprünge auf dem Abreiteplatz nützen nur den Nerven der Reiter, nicht aber den Pferden."

Es gab nur einen kleinen Trost für den gebeutelten Pferdehändler: Er selbst hatte das Siegerpferd der späteren Weltmeisterin Gail Greenough, Mr. T, nach Übersee verkauft.

Die deutschen Reiter beeindruckte am Stil der Kollegen aus dem Kontinent der unbegrenzten Möglichkeiten, daß diese ihren Tieren ein gewisses Maß an Freiheit und Selbstbestimmung gewährten. Die hundertprozentige Kontrolle des Reiters über sein Pferd, offenbar ein typisch deutsches Verlangen, das auch bei Ludger Beerbaum noch im Vordergrund stand, schien bei den Amerikanern bereits überwunden.

Franke und Ludger nahmen sich beim feierlichen Auszug der Nationen fest vor, das nächste Mal aktiv dabeizusein. Beide konnten natürlich nicht ahnen, daß sie sich bis zu den ersten Weltreiterspielen 1990 in Stockholm, wo sämtliche reitsportlichen Disziplinen bei einer gemeinsamen Großveranstaltung ihre Weltmeister kürten, auf ganz unterschiedliche Weise noch einige blaue Flecken holen sollten.

1987: DM IN MANNHEIM, EM IN ST. GALLEN

Die Deutsche Meisterschaft in Mannheim verlief 1987 schon ganz nach dem Willen der Mühlener Mannschaft: Paul Schockemöhle gewann wieder mit seinem treuen Deister, Ludger Beerbaum wurde Dritter mit Wiener Domspatz, Franke Sloothaak erreichte den vierten Platz mit Alwin's Ass. Das ließ sich gut an und sollte bei der Europameisterschaft in St. Gallen gerade so weitergehen. Doch weit gefehlt: Es folgte eine herbe Bruchlandung mit Spätfolgen für die deutsche Springreiterei.

St. Gallen geht in die Geschichte ein als die EM mit den miserabelsten Bodenverhältnissen. Nach langen Regengüssen erlebte Ludger im Nationenpreis auf Wiener Domspatz mit 17,81 und 12,75 Fehlerpunkten sein persönliches Debakel bei der Premiere in einem Championat als Senior. Er lieferte beide Male das Streichergebnis. Viel schlimmer noch erging es Paul Schockemöhle mit Deister. Der Wallach wurde geradezu in den matschigen Boden gesogen und schien mit den Hufen festzukleben. Der Titelverteidiger mußte sein Pferd nach einem Abwurf im Finale verletzt am Zügel aus der Bahn führen, eine Szene, die vielen Zuschauen in Erinnerung bleiben wird. Die Kommentatoren urteilten wenig freundlich, dies markiere wohl endgültig das Ende der Vormachtstellung der deutschen Springreiterei.

OLYMPIA 1988

Doch es kam ganz anders als befürchtet.

Verkehrte Welt bei den Olympischen Spielen 1988 in Seoul: Die Deutschen gewannen sämtliche Mannschaftstitel in Dressur, Military und Springen. Für einen Augenblick war die Pferdewelt wieder in Ordnung.

EHRE, WEM EHRE GEBÜHRT

1995, im Anlauf auf die Olympischen Spiele in Atlanta, richtete St. Gallen wieder die EM aus. Und wieder gab es Anlaß zu Schlagzeilen.

Auch in diesem Herbst goß es wie aus Kübeln. Die Grasnarbe hielt nicht, die Pferde traten hindurch und verloren jeglichen Halt. Auf Verlangen der Reiter wurde der Beginn der Europameisterschaften verschoben, der Nationenpreis auf Samstag verlegt. Die deutsche Mannschaft beschloß, auf einen EM-Start zu verzichten, und reiste aus der Schweiz ab. Das sorgte für Kritik bei den Veranstaltern und anderen Equipen, aber auch für Lob. Das Deutsche Sportfernsehen ehrte die deutschen Springreiter sogar mit dem „Victor" für die „Geste des Monats".

Ludger Beerbaum ärgert sich noch heute darüber, daß er diese Ehrung angenommen hat, wenn auch „erst nach massivem Druck". „So ein Schwachsinn", so der „Gerechtigkeitsfanatiker" (Sponsor Dieter Schulze über Ludger Beerbaum). „Das war doch ausschließlich ein Medien-Preis. Ich selbst habe aus Eigennutz und Eigenschutz auf einen Start verzichtet. Ich habe mein Pferd nicht geritten, weil ich weiß, daß Ratina bei tiefem Boden anfällig ist. Ich wußte, vielleicht vertue ich mir da eine Chance auf Olympia. Dafür muß ich nicht unbedingt eine Fairplay-Trophy erhalten."

Eigennutz oder Pferdeschutz - Ratina war ihm sicher dankbar dafür.

Parcoursbesichtigung - wo trennt sich die reiterliche Spreu vom Weizen?

Ludger Beerbaum lieferte im Reitstadion Kwacheon in Seoul auf grünem Sand sein Gesellenstück ab und trug sich in die Annalen der Olympischen Spiele ein. Er brachte das Kunststück fertig, auf einem fremden Pferd den olympischen Nationenpreis-Parcours mit nur viereinhalb Strafpunkten zu absolvieren und damit die Basis für die Mannschafts-Goldmedaille zu legen.

Wer hätte das gedacht, als sich mitten im Siegesrausch nach den Mannschafts-Goldmedaillen in Dressur und Military herausstellte, daß sich Ludgers Pferd Landlord eine Schulterprellung zugezogen hatte und nicht durch die tierärztliche Kontrolle kam! Für Bundestrainer Herbert Meyer, Teamchef Hans Günter Winkler und den ohne offizielle Funktion, aber mit um so mehr Macht ausgestatteten Paul Schockemöhle war eigentlich von vornherein klar, daß sie auf Ludgers reiterliches Können, vor allem aber auf seine Nervenstärke nicht verzichten konnten.

Man führe sich das Team der Springreiter vor Augen: Schockemöhle-Reiter Franke Sloothaak war mit Walzerkönig der international erfahrenste, wenn auch nicht immer nervenstärkste Reiter. Ein Berliner mit Sitz in Mühlen, Dirk Hafemeister, machte mit seiner Weltklassestute Orchidee seine Sache als Mannschaftsreiter in der Vorbereitungszeit recht gut. Wolfgang Brinkmann aus Herford beurteilte sich selbst als „echten Amateur im Springsattel". Der Unternehmer wird deshalb nicht beleidigt sein, wenn er auch reiterlich als Nummer vier unter den in Seoul anwesenden Reitern eingestuft worden ist. Schließlich war er tagsüber mit dem Management seiner Firmen, der heutigen Brinkmann-Gruppe, beschäftigt und hatte nur am Abend Zeit, seinen Westfalen Pedro zu reiten. Karsten Huck, mit Nepomuk als Ersatzreiter mit nach Seoul gereist, blieb in dieser Rolle vorerst auch fünftes Rad am Wagen.

Die Idee war, das Ersatzpferd The Freak, im Besitz der finanzkräftigen Familie Hafemeister, im Nationenpreis für Ludger zu satteln. Bundestrainer Herbert Meyer vor den mitgereisten Journalisten: „Wir halten Ludger für einen so starken Reiter, daß wir nicht auf ihn verzichten möchten." Eine berechtigte Einschätzung, wie sich dann herausstellen sollte.

The Freak ging bis dahin in den Trainingsparcours ordentlich. Vorteil: Ludger kannte das Pferd sehr gut, theoretisch wenigstens. Er hatte ihn unter seinem früheren Reiter Hugo Simon schon bewundert und kannte ihn natürlich auch von Dirk Hafe-

Zwei, an denen schon damals keiner vorbeikam: Herbert Meyer und Ludger.

meister, der zusammen mit den Schockemöhle-Reitern in Mühlen trainierte. Ein fremdes Pferd zu reiten stellte für einen Profi wie Ludger Beerbaum an sich kein Problem dar. Doch gleich einen ganzen olympischen Parcours damit zu springen – hieß das nicht, das Schicksal herauszufordern?

Das Wagnis wurde eingegangen. Ludger konzentrierte sich voll auf seinen neuen Partner und sprang eine halbe Stunde vor Meldeschluß den ersten kleinen Parcours mit The Freak. Nach dem letzten Sprung zeigte sein Daumen nach oben: Okay! signalisierte er den Zaungästen. Der Meldeschluß wurde gerade noch eingehalten.

Ludger sollte seine Reise mit The Freak durch den olympischen Stangenwald als erster deutscher Reiter antreten. Alle waren angespannt, als es an die Auslosung der Startfolge ging. Altmeister Hans Günter Winkler zog die 13!

Ein schlechtes Omen? Ludger ist es egal, er will nur schnell in den Parcours einreiten. Als der Neu-Olympionike den Wallach auf den Sand lenkt, sieht er aus dem Augenwinkel heraus zwei Männer, die besonders unter Druck stehen. Herbert Meyer ist „kreidebleich“, Paul Schockemöhle läßt sich äußerlich nichts anmerken, „aber wer ihn kannte, der wußte, wie es in ihm aussah“ (Beerbaum). Meyer war sich der Gefahr für sein Amt und Ansehen durchaus bewußt: „Wenn das schiefgegangen wäre, dann hätte man uns in der Luft zerrissen“, meinte er später.

Ludger erinnert sich genau: „Ich war recht cool. Mir war klar, wenn das jetzt schief geht, kriegen nur zwei von uns Knüppel zwischen die Füße – Paul und Herbert.“ Tatsächlich konnte ihm nicht viel passieren. Alle Zuschauer im Stadionrund und daheim vor den Fernsehern hielten dem vom Pech verfolgten jungen Mann die Daumen, ging er doch ohne große Siegeschancen an den Start, allein um seine Mannschaft zu retten.

Natürlich hatten alle Ludger unterschätzt. Einer wie er steigt in keinen Sattel, nur um dabeizusein. Beerbaum war und ist ein Siegertyp – diese Eigenschaft fürchten weniger ehrgeizige Konkurrenten. Er will gewinnen, mit welchem Pferd auch immer. „Ich war ja in Übung beim Reiten fremder Pferde. Mein Geschäft bestand zu der Zeit darin, täglich 16 Pferde zu reiten und sie so schnell wie möglich auf schwere Parcours vorzubereiten. Ich kannte The Freak sehr gut. Der konnte schon alles. Bis zu diesem Zeitpunkt hatte ich noch nie ein Pferd, das so einfach „schwer“ springen konnte.“

Hochkonzentriert, das Pferd absolut unter Kontrolle, beginnt er den so wichtigen „Fremdreitertest mit olympischen

Linke Seite:
Meisterstück mit fremden Pferd: Ludger springt mit The Freak von Dirk Hafemeister zur olympischen Mannschafts-Goldmedaille.

Gold! Franke Sloothaak, Ludger Beerbaum, Wolfgang Brinkmann, Dirk Hafemeister (von links)

Anforderungen". The Freak staunt nur kurz über den neuen, forschen Reiter mit der Bundesligafrisur der späten achtziger Jahre – vorne kurz, hinten lang – und spielt mit. Beide schaffen es, den ersten Ritt ohne Abwurf zu zeigen – nur ein viertel Strafpunkt für Zeitfehler, eine halbe Sensation!

Mit dieser Präsentation seines Könnens trat Ludger aus dem Schatten seines Stallgefährten Franke Sloothaak heraus.

Nachdem der erste deutsche Reiter stets Herr der Lage gewesen war, hielten die Kollegen bei der Vorstellung des zweiten Paares, Wolfgang Brinkmann und Pedro, die Luft an: Mit zwei Abwürfen und einem Punkt für Zeitüberschreitung verließen sie den ersten Parcours. Dirk Hafemeister erlaubte sich einen Abwurf, Franke Sloothaak zeigte Nervenstärke und hielt – wie es bei den Fußballern heißen würde – „den Kasten sauber". In der Halbzeit des Nationenpreises lag Deutschland vor den USA, Kanada und der Schweiz in Führung.

Gruppenbild mit Reitern, Pferden, Pflegern und den wichtigen Machern. Untere Reihe von rechts: Dieter Hafemeister (Pferdebesitzer), Paul Schockemöhle, Dr. Peter Cronau (Mannschaftstierarzt), Herbert Meyer (Bundestrainer), Hans Günter Winkler (Teamchef)

Beim zweiten Start mit The Freak scheint Ludger eine Wiederholung des Kunststücks zu gelingen. Die deutschen Fans jubeln bereits, da fällt die Stange am letzten Sprung. Wolfgang Brinkmanns Pedro bleibt diesmal wie von Zauberhand geführt unter Kontrolle. Er verspätet sich sogar ein wenig, so daß am Ende ein Punkt für Zeitüberschreitung aufs Konto kommt. Dirk Hafemeister kassiert zwei Abwürfe, Franke Sloothaak braucht gar nicht mehr anzutreten – die Mannschafts-Goldmedaille ist mit haushohem Abstand gewonnen.

Fürs Finalspringen, die Einzelwertung, kam Beerbaum mit The Freak von vornherein nicht in Frage, weil er bei der Einzelqualifikation nicht hatte antreten können. Er stellt klar, daß er sonst Ansprüche angemeldet hätte: „Freiwillig hätte ich nicht verzichtet."

Geistiger Vater des Erfolgs von Seoul war Paul Schockemöhle, Turnierstallbesitzer, Mühlener Heimtrainer, Coach, Taktiker. „Wer"- so fragte der St. Georg nach den Spielen besorgt – „will denn in diesem Lande jetzt Paul Schockemöhle noch die Stirn bieten?"

DER BRUCH

Einer hat es gewagt, allerdings auf anderem Terrain und ohne die Absicht, Paul Schockemöhle „vorzuführen“: sein eifrigster Schüler, Ludger Beerbaum.

Der gibt zu: „Gerade weil wir ein so gutes Verhältnis hatten und ich eigentlich so etwas wie sein Vertrauter war, war das alles saumäßig hart für mich.“ Ludger hatte sich in Barbara Schockemöhle, die Frau seines Chefs, verliebt.

Dieser reagierte prompt, als er von der Liaison erfuhr. Der darauffolgende Abschied aus Mühlen war sehr unerfreulich. Montag morgens stand die ganze Affäre samt fristlosem Rausschmiß bereits in der Zeitung.

Noch bevor Ludger, gerade vom Turnier in Hickstead zurück, seine kleine Wohnung betreten hatte, saßen dort bereits Mutter Mathilde und Vater Horst auf dem Sofa. Die Stimmung war gespannt, doch beide hielten schlußendlich zu ihrem Sohn. Ludger kam aber nicht mit nach Adelebsen, sondern blieb noch zwei Wochen lang in der Mühlener Wohnung, „um Angebote zu sondieren“.

Zuvor war etwas passiert, was Ludger Beerbaum seinem damaligen Arbeitgeber nicht vergißt: Paul Schockemöhle erfuhr, daß Ludgers Eltern gekommen waren. Er stieg ins Auto und fuhr ebenfalls in Ludgers Wohnung, wo er den Beerbaums seine Situation erläuterte. Das Gespräch endete fast freundlich, und Schockemöhle läßt es sich seither nicht nehmen, Vater und Mutter Beerbaum bei jedem Turnier persönlich per Handschlag zu begrüßen.

Ludger Beerbaum: „Das war echt stark. Meine Eltern rechnen ihm das hoch an. Paul Schockemöhle ist menschlich allen, die ihn schlechtmachen, weit überlegen.“

Die Wogen haben sich inzwischen geglättet. Eigentlich schätzen sich die beiden. Doch manchmal, wenn es um sportpolitische Dinge wie die Fahrkarten zu wichtigen Championaten geht, geraten sie noch immer heftig aneinander.

Das Schlimme an der dramatischen Aufkündigung der Verbindung seitens Schockemöhle war, daß Ludger seinen fast väterlichen Freund Paul Schockemöhle sehr gut verstehen konnte. Wie sehr auch er darunter litt, „seinem Chef die Frau auszuspannen“, verdeutlicht vielleicht folgender Satz: „Diesen Rucksack habe ich zu tragen, den nehme ich auch mit ins Grab.“

Barbara Schockemöhle zog mit der kleinen Tochter Vivien erst einmal nach München zu Schwester und Schwager Peter Breitner.

Daß ihnen ihr „Schnäppchen" vier Jahre später so viel Ehre machen würden, hätten sich die Herren im Flieger nicht träumen lassen: Empfang für den neuerlichen Goldjungen mit dem Ehepaar Moksel, dem Buchloer Bürgermeister und Rodo Schneider (von links).

Buchloe

Auf dem Flug von Rumänien nach Stuttgart saßen an besagtem schwarzen Montag zwei Geschäftsleute in der ersten Klasse und lasen die Bild-Zeitung. Dort wurde das Zerwürfnis Beerbaum/Schockemöhle en detail breitgetreten. Das interessierte die gutgekleideten Herren, betrieben die beiden im bayrischen Buchloe doch selbst seit geraumer Zeit einen Springstall. Dem jüngeren, Rodo Schneider, kam spontan eine Idee: „Soll ich den mal anrufen?" Der ältere, Alexander Moksel, Seniorchef eines weitverzweigten Fleischimperiums, war nicht abgeneigt. Er nickte und meinte: „Meine Frau wird er schon nicht wollen, die ist zu alt für ihn."

Wochen später, Ludger Beerbaum hatte den Anstellungsvertrag bei der Alexander Moksel AG bereits unterschrieben, hat er besagte Zeitung von Rodo Schneider geschenkt bekommen. Da behaupte noch einer, das Vier-Buchstaben-Blatt stifte bloß Unheil!

Rodo Schneider, Geschäftsführer in der Firma des Viehgroßhändlers Alexander Moksel, hatte sich die Telefonnummer Ludgers in Mühlen besorgt und rief ihn an. Er stellte dem in

BAUERNSCHLAU ODER DUMMDREIST?
Wie einer sein Pferd an den Olympiasieger bringen wollte. Eine wahre Geschichte, zwar etwas später passiert, aber dennoch symptomatisch:
Gute Nachwuchspferde für Spitzenreiter stehen nicht auf der Straße herum. Auch ein Olympiasieger wie Ludger Beerbaum geht schon mal einem vielversprechenden Tip nach. Einen solchen gab ihm der Besitzer einer sechsjährigen Stute, als Beerbaum auf Einladung eines süddeutschen Autohauses durch Baden-Württemberg tourte und jugendlichen Nachwuchsreitern eine Lehrstunde erteilte. Super Stute, super Abstammung, super Talent, einige gute Plazierungen in L-Springen - super, dachte sich der Springreiter und fuhr anderntags durch Regen und Schneegestöber zum Fuße der rauhen Alb.
Das Gehöft lag mittendrin im Städtle, das Tier stand allein in einem Stall, der ursprünglich wohl mal Schweinen als Domizil gedient hatte. „Na, dann legen Sie mal ´nen Sattel drauf", forderte der Reiter. „Wo können wir sie ausprobieren?" - Eigentlich nirgends. Es gäbe lediglich einen Longierzirkel. Dort lagen weder Stangen noch Cavaletti. Besitzer: „Sie wollten die Stute doch ansehen!"
Ein Olympiasieger wird doch wohl ein Weltklasseroß erkennen können, wenn es vor ihm steht? „Nein", sagt Beerbaum: „Ich sehe nur soviel wie alle anderen auch, Größe und Farbe."
Dennoch: Raus aus dem Stall, rauf auf die Straße. Dem Roß scheint die Situation bekannt. Es seien schon Reiter der Region interessiert gewesen, sagt der Besitzer des vermeintlichen Juwels. „Doch für 20 000 Mark gebe ich sie nicht her."
Beerbaum: „Ja, wieviel wollen Sie denn haben?"
Pferdebesitzer: „Für 100 000 Mark gebe ich sie auch nicht her."
Beerbaum: „Das war´s dann wohl. Auch ich habe keinen Dukatenscheißer."
Und verabschiedet sich freundlich. Vielleicht fand der schlaue Bauer ja einen anderen - Dummen.

Fachkreisen bereits als „bester deutscher Reiter" titulierten 26jährigen in Aussicht, den kleinen, feinen Turnierstall in Buchloe zu führen. Ludgers Aufgabe sollte zudem sein, Schneiders Sohn Ralf, aber auch Moksels Neffen Elmar Gundel zu erfolgreichen Turnierreitern zu formen.

Schnell wurden sich die neuen Geschäftspartner einig, denn Ludger bekam absolut freie Hand. „Herr Schneider forderte mich auf, drei, vier neue Pferde zu kaufen – und loszureiten", sagt Ludger im nachhinein. „Ich hatte wieder einmal Glück in mehrfacher Hinsicht." Eigentlich nahm der fristlos auf die Straße gesetzte Springreiter schon wieder eine neue Hürde auf dem Weg zur Spitze. Plötzlich war er nicht mehr ausschließlich Lohnreiter, sondern verantwortlicher Leiter eines aufstrebenden Turnierstalls mit enormem finanziellem Hintergrund.

Die Alexander Moksel AG wies damals noch einen Jahresumsatz von 1,5 Milliarden Mark aus. Auch das neue gesellschaftliche Ambiente inmitten des bayrischen Geldadels behagte den seit 1991 verheirateten Eheleuten Barbara und Ludger Beerbaum recht gut.

Die neue Aufgabe begann mit den Pferden Grand Plaisir (von Grannus, Zuchtgebiet Hannover), Gazelle (von Goldrausch, Zuchtgebiet Westfalen) und dem irischen King of Diamond-Sohn Kandelian. Zwar besaßen sie alle drei nicht ganz die Klasse, wie sie eines Olympiasiegers würdig gewesen wäre. Doch der hatte das Gefühl, trotzdem den richtigen Weg eingeschlagen zu haben. „Es kamen jeden Tag massenweise Anrufe. Alle wollten mir irgendein Pferd verkaufen und dabei einen Haufen Provision kassieren", sagt er. Die Offerten wurden kritisch geprüft und meistens dankend abgelehnt. Denn „Superkracher" waren nicht im Angebot.

Sein Ziel war, allen Schwierigkeiten zum Trotz 1989 als Mitglied der deutschen Mannschaft bei der Europameisterschaft in Rotterdam zu starten. Dies erreichte er zwar nicht, dennoch ist er „echt stolz darauf, ständig unter den ersten zehn der Weltrangliste rangiert zu haben – ich war keinen Tag raus".

Die Weltrangliste liegt allen Profis sehr am Herzen. Ludgers Platz im EM-Team nahm der gelernte Winzer Otto Becker mit Lucky Luke ein, der auch Beerbaums Job und Berittpferde bei Paul Schockemöhle übernommen hatte. Das wurmte ziemlich. Doch ein Beerbaum wäre keiner, hätte er nicht alles darangesetzt, das Maximale aus der widrigen Situation herauszuholen. Er sondierte die Offerten und kaufte Pferde für den neu zu schaffenden Gegenpol zu Mühlen, Buchloe.

Sein erster Turnierstart unter dem neuen Vereinsnamen „Reit- und Fahrverein Buchloe" in Tirschenreuth wurde von der Frankfurter Allgemeinen Zeitung beobachtet. Dort heißt es im September 1989: „Der Weg ist weit von Bayern nach Warendorf. Vom Idol zum Nobody bedarf es nur einiger hundert Kilometer." Aber Beerbaum betonte der FAZ gegenüber, daß er seinen Entschluß, in den Süden zu ziehen, überhaupt nicht bereue. Herbert Meyer halte zu ihm. Was noch wichtiger sei, verriet er ebenfalls: „Paul Schockemöhle hat versprochen, mir keine Steine in den Weg zu legen."

Als es um die Besetzung der Mannschaft für die Weltreiterspiele in Stockholm 1990 ging, kamen die Verantwortlichen nicht mehr am Wahl-Bayern vorbei, obwohl die neunjährige Gazelle nicht unbedingt ein Traumpferd war.

DER BARR-SKANDAL

Wenige Wochen vor Beginn der Wettkämpfe veröffentlichte Stern-TV ein Video, auf dem gebarrt wurde, was das Zeug hielt. Es ging ein Aufschrei durch sämtliche Medien, durch die Tierschutzorganisationen, Pferdefreunde waren schockiert, und die dauernd darauf angesprochenen Reiter gerieten in Erklärungsnot.

Um was ging es eigentlich?

Das Hinterhältige an den gezeigten Szenen war, daß dabei junge Pferde manipuliert wurden, die eine Aufforderung per Stockhieb überhaupt nicht nötig gehabt hätten. Es handelte sich um die talentierten, in guter Manier springenden Auktionspferde von Paul Schockemöhle. Im Sattel der Pferde saßen die Beerbaum-Nachfolger Otto Becker und Gerardus Krijenen.

„Ich habe nur Glück gehabt", sagt Ludger. „In den Jahren zuvor wäre ich natürlich auch auf den Bildern zu sehen gewesen." Heute beurteilt auch er das Verfahren, junge, gute Pferde zu barren, als „grob unfair und überhaupt nicht horseman-like". Doch das anschließende Kesseltreiben und die vereinte Medienhatz auf Paul Schockemöhle nahmen phasenweise Züge einer Inquisition an. Und welche Scheinheiligkeit: Auf den vollbesetzten Zuschauerrängen bei der Auktion saßen ständig viele „Insider", die genau um das Barren wußten und kopfnickend Anerkennung zollten, „wie effektiv Schockemöhle seine Auktionskracher präpariert".

Heute, als unangefochtene Nummer eins der Springreiter in Deutschland, kann Ludger besser Stellung beziehen. „Das hat Paul nicht verdient", findet er. Schließlich sei es Paul Schockemöhle gewesen, der die deutschen Springreiter viele Jahre lang erfolgreich vertreten hat und nach beendeter aktiver Karriere maßgeblich für eine von allen Funktionären umjubelte Goldmedaille in Seoul verantwortlich war. Vielleicht war er einigen ehrenamtlichen Pferdeleuten beim internationalen Verband (FEI) und in der eigenen FN in Warendorf auch zu einflußreich geworden. Vielleicht kam den heimlichen Kritikern ein Dämpfer seitens der Presse gar nicht ungelegen.

Schockemöhle ging damals in die Offensive und behauptete, daß sämtliche Turnierreiter schon gebarrt hätten. Wer behaupte, so etwas noch nie getan zu haben, sei unglaubwürdig.

Dazu Ludger: „Stimmt." Er schätzt Schockemöhles Gradlinigkeit auch in unbequemen Situationen, ein Charakterzug, der übrigens beide auszeichnet.

Die öffentliche Diskussion um „Trainingsmethoden" hat aber einiges bewirkt: „Unter den Beteiligten wird ständig disku-

Rechte Seite:
Die 9jährige Gazelle gab in Stockholm ihr Bestes, aber für „ganz oben" war es nicht genug.

tiert, es gibt viel mehr Kontrollen, wir haben inzwischen klarere Definitionen, was erlaubt ist und was nicht", erklärt Ludger den Kritikern. Ganz besonders positiv beurteilt er die neue Regelung, daß es in Springpferdeprüfungen Abzüge für Pferde gibt, die zu hoch und unnatürlich über die Hindernisse springen. Damit werde etwaigen Barr-Versuchen eher ein Riegel vorgeschoben.

WELTREITERSPIELE STOCKHOLM 1990

Natürlich spielte bei solchen Vorwürfen der Sport in Stockholm nur noch eine untergeordnete Rolle. Es gab nur noch ein Thema: Tierquälerei im Pferdesport. Die Deutschen wurden auf Schritt und Tritt mit dem Thema Barren konfrontiert. Obwohl die Situation äußerst angespannt war, hielten die Nerven der angeschlagenen deutschen Reiter der Belastung stand. Otto Becker, Karsten Huck, René Tebbel und Ludger Beerbaum gewannen die Silbermedaille hinter der französischen Equipe. Franke Sloothaak hatte auf eine WM-Teilnahme verzichtet. Noch in Stockholm begründete er sein Wegbleiben damit, daß die Tage vor Stockholm schrecklich und belastend für seinen Arbeitgeber Paul Schockemöhle gewesen seien und er, Sloothaak, „in dieser Lage deutlich zu ihm stehen mußte".

Ludger Beerbaum wird von der Konstanzer Zeitung Südkurier charakterisiert als „unumstritten der beste Reiter mit dem am meisten begrenzten Pferd". Außerdem sei er in die Rolle von Paul Schockemöhle geschlüpft und gebe Tips auf dem Abreiteplatz.

Mit den eigenen Ritten und dem Training der Gefährten brachte er das Team erstmals als „Spielertrainer" nach vorn. Die Beurteilung der Klasse von Ludgers Gazelle war wohl richtig. Sie hatte keinen Anteil am Mannschaftserfolg. Im ersten Umlauf des Nationenpreises trat sie fünf Stangen herunter. Im zweiten Umlauf wurde ihr ein Start erspart.

NCC
NCC
Orrefors
Fax

Pferde, Pferde, Pferde ...

▶ Classic Touch

Alle Welt ahnte, daß sich Ludger Beerbaum fühlen mußte wie Michael Schumacher im Bobbycar seiner Tochter. Wenn auch er endlich einmal einen Ein-PS-Ferrari unterm Sattel haben sollte, würde es für den vom Sport besessenen Reiter kein Halten mehr geben. Was fehlte, war eine Rennmaschine mit Herz und Vermögen.

Plötzlich stand sie im Stall: Classic Touch. Auf so ein Pferd hatte er lange gewartet. Mit ihr wollte er sich „einen Platz an der Sonne" (Beerbaum) sichern, wäre gern in den kleinen Kreis der „Jahrhundertpaare" wie Whitaker/Milton oder Durand/Jappeloup hineingesprungen.

Doch erstens kommt es anders und zweitens als Mann denkt ...

Die Holsteiner Stute wußte 1991 bei einem Turnier in Schenefeld auf sich aufmerksam zu machen. Als damals Siebenjährige zeigte sie in M- und S-Springen auffallende Klasse. Ludger und Rodo Schneider, die eigentlich zum Coachen der reitenden „Nachwuchs-Buchloer" Ralf Schneider und Markus Beerbaum am Parcoursrand standen, fiel das allgemein große Interesse an der braunen Holsteinerin auf. Die Alarmglocken schrillten, als sogar Jan Tops, erster Reiter des mexikanischen Multimillionärs Alfonso Romo, auffällig unauffällig sein Augenmerk auf das Pferd richtete. Rodo Schneider schlug allen ein Schnippchen. Noch am Abend war die Stute in seinem Besitz.

Eigentlich sollte die braune Holsteinerin unter Ludgers Schüler Ralf Schneider gehen, doch schon bald stellte sich heraus, daß sie noch „zu grün", zu unerfahren für den jugendlichen Reiter war. „Reit' du sie mal", schlug Vater Schneider dem Angestellten vor. Der nickte, saß auf, und das war der Anfang einer wunderbaren Beziehung. Endlich ein Pferd, das den hohen Anforderungen des Reiters gerecht wurde. Glück braucht der Mensch. Und außergewöhnliches Talent, das er über die Jahre hinweg in professionelles Können gewandelt hat. Ludger hat beides.

Eintragungsschein

Lebensnummer: 21 00684 84

Holstein

Deckdatum: 19.06.1983 Geburtsdatum: 23.05.1984 Geschlecht: WEIBLICH

Name: WIPPE Stamm: 4025 Farbe: BRAUN

Abzeichen:

Kopf: Stirn	Kopf: Nasenrücken	Kopf: Maul	Beine: VL	Beine: VR	Beine: HL	Beine: HR	Bes. Abzeichen
OHNABZ	1 NSTRBL	1 ULIFLE	OABZ	1 FUHO	4 FESL	1 FUHO	OHNABZ

Brand: 8 4

erteilt am: 19.07.1984

FOHLENPRAEMIE

Züchter: RITTERS HANS WERNER 2227 KRUMSTEDT 01.00164

Besitzer: RITTERS HANS WERNER 2227 KRUMSTEDT 01.00164

Vater [S] CALETTO 2 HLP 210093778 HOL 169 DKBRAUN 1980 9 8 8 7 7 7 7	VV CORDELABRYERE HLP 210398168 A.N 169 DKBRAUN	RANTZAU HLP XX	FOXLIGHT XX RANCUNE XX
		QUENOTTE A.N	LURIOSO A.N VESTALE A.N
	VM DEKA H 210406603 HOL 168 BRAUN	CONSUL 210380160 HOL 165 BRAUN	COTTAGE SON 210375544 XX ISOLDE 210148303 HOL
		OEKONOMIE S 216298702 HOL 163 BRAUN	MATADOR 210364748 HOL FAHRE 210082703 HOL
Mutter SEVADA H 210054980 HOL 170 SCHIMMEL 1983 7 6 6 6 6 6 7	MV (*) [*] LANDGRAF I HLP 210391966 HOL 170 DKBRAUN	LADYKILLER HLP 210384761 XX 164 BRAUN	SAILING LIGHT XX LONE BEECH XX
		WARTHBURG H 210320903 HOL 167 BRAUN	ALDATO 210377658 HOL SCHNEENELKE 210284503 HOL
	MM LAS VEGAS H 210615974 HOL 171 SCHIMMEL	ROMAN HLP 210381460 HOL 168 SCHIMMEL	RAMZES 210365437 AA DORETTE 210269603 HOL
		BAMBINA H 210364703 HOL 160 DKBRAUN	ALDATO 210377658 HOL FELDTOR 210378003 HOL

Vorstehende(r) STUTE wurde am 24.07.1987 in das HAUPTSTAMMBUCH eingetragen.

Maße: 171 201 19
Wh. Br.-Umf. Rb.-Umf.

Bonitierung: 8 7 8 6 7 7 7

Prämiierung: HSP LP-S

Vorstehende Angaben werden hiermit bestätigt.

Elmshorn, den 23.09.1987

Verband der Züchter des Holsteiner Pferdes e.V. Elmshorn

Er spürte gleich, das nervige Tier verfügte über ganz besonderes Vermögen. Springen konnte sie, das stand fest. Doch Ludger war nicht zufrieden: Er bemühte die klassische Dressurreiterei, wollte erreichen, daß sie besser durchs Genick ging, besser untertrat.

So hat er die Bügel länger geschnallt, Schenkelweichen geübt, versammelnde Lektionen geritten. Damals war er noch der Ansicht, daß ein Pferd perfekt durchgeritten sein müsse, wenn es im großen Sport bestehen, dort auch gewinnen soll. Also versuchte er, die Stute völlig in den Griff zu bekommen.

Zu Hause wurde dressurmäßig geritten, bei kleineren Turnieren die Parcours als Teststrecken für die größeren Aufgaben genutzt. Nach einer Weile hatte er aber begriffen: Das Pferd springt gut, wenn es springen darf, wie es eben springen kann. Er reduzierte also das Bestreben, Classic Touch „umbiegen" zu wollen. Ludger ließ zu, daß die Nase hochkam, er entlastete das empfindliche Maul und tauschte bald das Trensengebiß gegen ein Hackamore aus.

In Buchloe wurden praktisch keine Parcours gesprungen. „Dafür war sie viel zu heiß", erinnert er sich gut. Es war praktisch unmöglich, mit Classic Touch in bekannter Umgebung auf ruhige Weise Hindernisse zu springen. „Sie wußte ja schon, aus dieser Ecke 'raus geht es zum nächsten Sprung", da wollte sie sich nicht konzentrieren. Bei Turnieren aber, wo viele Eindrücke auf das Pferd einprasselten, ließen sich Kontrolle und Aufmerksamkeit im Parcours gut üben. Dort hat Ludger dann sein Ziel erreicht: Er konnte die Distanzen variieren, auch mal näher an den Sprung heranreiten.

„Im nachhinein betrachtet, habe ich immer noch viel zuviel mit ihr gemacht", findet er heute. Mit Neron de la Tourelle will er es jetzt anders - besser - machen. Dazu später mehr.

1991 setzte er die Stute behutsam ein. Dann gewann er mit ihr den Großen Preis von Wembley und den Weltcup in Göteborg. Das Team war sogar fürs Weltcup-Finale im amerikanischen Del Mar qualifiziert, doch diese Strapaze mochte der vorausschauende Reiter seinem jungen Juwel noch nicht zumuten. Er wußte: Classic Touch ist eine Klasse für sich.

Zu dieser Zeit sollte eigentlich Schimmelwallach Athletico Beerbaums Erstpferd werden. Doch schon bald war ihm klar, daß dieser an Classic Touch nicht heranreichen konnte. Athletico wurde zum Zweitpferd degradiert. „Ich sagte Herrn Schneider, daß ich glaube, Classic Touch ist gut genug für Olympia." Der fand's toll und vereinbarte mit Ludger, die Stute in anderthalb Jahren nach einem eventuellen Olympiastart an Ralf zu übergeben. „Wir

Auch wenn es mit der Feinabstimmung ab und zu noch hapert: Classic Touch startet wie eine Rakete, hier in Aachen 1992.

besprachen das, damit war die Sache erledigt", erinnert sich Ludger noch immer mit Wehmut zurück. Ein Mann, ein Wort. Schnelle Seitenwechsel sind in Ludger Beerbaums Vita nicht auffindbar. Die Süddeutsche Zeitung schrieb 1991 fast ein wenig ungläubig über den Springreiter: „Sein Image in der Szene ist immer gut gewesen. Typ umgänglicher, netter Kerl von nebenan. Er kümmert sich für seinen Status ungewöhnlich intensiv um seine jüngeren Stallkollegen. Von Arroganz keine Spur."

Classic Touch startete wie eine Rakete, es lief immer besser. Bei der Deutschen Meisterschaft in Balve 1992 zeigte sich das Paar in überragender Form: Ludger und Classic Touch machten während der gesamten Tage nicht einen Fehler und holten sich in unvergleichlicher Manier den Meistertitel. Das Nachsehen hatte der hochgelobte Franke Sloothaak mit Walzerkönig auf dem zweiten Platz, dann folgten Sören von Rönne mit der talentierten Holsteiner Stute Taggi und Otto Becker mit Lucky Luke.

Anfang 1992 rief Rodo Schneider wieder seinen Angestellten zu sich ins Büro und erkundigte sich, ob die Abmachung in Sachen Classic Touch „noch steht". Ludger sagte nur: „Natürlich". Einer wie er hält grundsätzlich, was er verspricht.

OLYMPIA 1992

Das vorbereitende Olympia-Training in Mühlen wollte der Reiter sich und seinem früheren Arbeitgeber nicht antun, also entschied er sich dafür, Classic Touch bei einer Südfrankreich-Tour in kleineren Prüfungen zu starten und somit ihre Form zu halten. Beerbaum: „Das war genau passend. Die Stute war so super in Schuß – sie war in der Form ihres Lebens."

Schon wegen der unvergleichlichen Stute verdient Barcelona 92 einen ausführlichen Bericht. Hier traf Ludger mit seinen Mannschaftskameraden Franke Sloothaak, Otto Becker und

Zuverlässig wie ein Uhrwerk: die ersten Runden der jungen Stute in Barcelona

Sören von Rönne zusammen. Er wußte, daß er – wenn überhaupt – nur in der Einzelwertung eine Medaillenchance haben würde. Walzerkönig von Franke Sloothaak stand verletzt in Mühlen im Stall, Otto Beckers bestes Pferd Pamina war nach Italien verkauft worden. Mit Prestige und Lucky Luke waren damit gleich zwei „Wackelkandidaten" im Team. Und das Gespann von Rönne/ Taggi hatte noch nicht viel internationale Erfahrung sammeln können.

Herbert Meyer blieb bei der Aufstellung seiner Reiter im Nationenpreis wenig Spielraum. Natürlich ließ er das sicherste Paar als letzte starten. Ludger sollte sozusagen das Feld von hinten aufrollen. Ihm war's recht, er strotzte vor Selbstbewußtsein und fühlte sich in Olympiaform.

Es begann mit einem Debakel im ersten Umlauf des Nationenpreises: 21 Strafpunkte von Otto Becker, acht von Sören von Rönne und 16 von Franke Sloothaak – das mußte erst mal verdaut werden. Ludger ritt, wie ihn seine Fans sehen wollten – eiskalt, clever, bravourös. 0 Strafpunkte! Dieser Ritt machte den anderen Mut für Runde zwei.

Otto Becker holte dann das Beste aus seinem Wallach heraus. Beide kamen mit 8,5 Strafpunkten aus dem Parcours. Sören von Rönne kassierte nur vier Strafpunkte für einen Abwurf. Dann kam Franke Sloothaak an die Reihe. Es darf vorausgeschickt werden, daß Prestige nach dieser Vorstellung keinen Pfifferling mehr wert war, denn selbst einer wie Franke Sloothaak konnte nicht verhindern, daß der Wallach den Parcours mit einer Bowlingbahn verwechselte. Der Braune kickte gleich fünf Stangen herunter.

Nun ruhten alle Hoffnungen auf dem 29jährigen Ludger Beerbaum und seiner Superstute. Classic Touch spielte erstklassig mit. Sie sprang ruhig, sicher, souverän – bis zum dritten Hindernis. Dann passierte etwas, was Ludger Beerbaum wieder einen Platz in den Geschichtsbüchern der Olympischen Spiele sichern sollte: Der Nasenriemen von Classic Touchs Hackamore riß! Die Stute geriet außer Kontrolle und raste mit ihrem Reiter durchs Rund. Zum Glück ist Ludger Beerbaum nicht nur theoretisch sportlich interessiert, sondern auch körperlich geschickt. Er rettet sich mit einem Sprung vom haltlos herumirrenden Roß und landet auf dem Hosenboden. Classic Touch bleibt sofort stehen. Ein Bild, das um die Welt geht. „Aus, vorbei, jetzt kannst du abreisen", sind seine ersten Gedanken. „Für mich waren damit die Olympischen Spiele beendet." Ludger erinnert sich nur ungern daran, wie er sich aufrappelte und die Stute so würdig wie möglich aus dem Olympiastadion führte.

Aber Ludger brauchte nicht abzureisen. Durch seinen Superauftritt in der ersten Runde belegte er noch einen Platz unter den ersten 46. Genau gesagt, den 44. Dies ermöglichte ihm einen Start am Samstag, quasi als Trostrunde. Der Kurs war so schwer gebaut, daß es nur einen Null-Fehlerritt gab, den des späteren Siegers Sören von Rönne. Beerbaum qualifizierte sich mit viereinhalb Fehlern als Fünfter fürs Ein-

Alptraum in drei Stationen: Zuerst riß das Hackamore, dann sprang der Reiter ab und zog die Kappe: Aus die Hoffnung auf eine olympische Medaille?

zelfinale. Prestige wurde wegen Leistungsverweigerung – offiziell aus Gründen des Unwohlseins – zurückgezogen, Lucky Luke landete wenig glücklich auf dem 30. Platz.

Am Finaltag spielte das Wetter verrückt und sorgte für ungleiche Bedingungen. Favoriten wie Jos Lansink oder Nick Skelton hatten Probleme, ihren Tieren klarzumachen, daß der vor ihnen liegende See in Wirklichkeit ein Springparcours war. Als der Landregen nachgelassen hatte und die spanische Sonne den „See" im Handumdrehen zum Verdunsten brachte, hatte Ludger das Glück der hohen Startnummer. Er war fünfter Starter nach einer langen Mittagspause und leistete sich im Parcours keinen Fehler, obwohl die Stangen gleich zweimal bedrohlich in den Auflagen schwankten. Der erste viel bejubelte Null-Fehlerritt. Wenig später schaffte auch der Holländer Piet Raymakers mit Ratina Z das Kunststück. Danach blieben noch das Traumpaar des Jahrzehnts, John Whitaker (Großbritannien) und Milton, ebenso Norman dello Joio (USA) mit Irish ohne Strafpunkte. Vier Nuller im ersten Parcours!

Dann wurde es spannend: Die besten 22 starteten in umgekehrter Reihenfolge, Ludger Beerbaum wurde per Los auf den letzten Startplatz gesetzt. Das Glück der hohen Startnummer hielt an. Es hatte bis zu seinem Auftritt keinen Null-Fehlerritt gegeben. Piet Raymakers war etwas zu langsam, zu vorsichtig unterwegs und wurde mit einem viertel Punkt für Zeitüberschreitung schwer bestraft. Ludger war klar: „Mit einer Nullrunde bin ich Olympiasieger".

In gewohnter Form über olympische Höhen …

Er lieferte – wie gewohnt – ein Meisterstück ab, hochkonzentriert, mit einem phantastisch springenden Pferd. Das Paar blieb sechseinhalb Sekunden unter der vorgegebenen Zeit, ein Wahnsinns-Ritt. Als sie über die Ziellinie galoppierten, explodierte der Reiter fast im Sattel. Er riß die Arme hoch, jubelte und stieß Freudenschreie aus. Die meisten Zuschauer im Stadion schauten sich verwundert an. ZDF-Reporter und Reitfachmann Arnim Basche hatte die Lage als einer der ersten erkannt: „Und er ist Olympiasieger!“, brüllte er in sein Mikrofon.

Selbst Paul Schockemöhle gratulierte per Telegramm zum glänzenden Sieg. Beerbaum: „Darüber habe ich mich echt gefreut.“

… und Sieg!

Vor solch einer Kulisse ...

... kommen auch dem Nervenstärksten die Tränen.

„DER KOMPLETTESTE REITER"

Für Paul Schockemöhle, den dreimaligen Europameister der Springreiter und weltweit geschätzten Pferdemann, ist sein früherer Schüler der „kompletteste Reiter". „Ludger hat bei uns im Stall schnell und sehr zielstrebig gearbeitet. Alles, was man mit ihm diskutiert hat, hat er versucht umzusetzen. Als sein damaliger Lehrer hatte ich natürlich auch nicht immer recht. Aber man hat sich immer mit ihm auseinandersetzen können. Wir diskutierten oft, welche Methoden in der Arbeit angewendet werden sollten.
Ludger hat auch technisch die Dinge und die Parcours sehr schnell in den Griff gekriegt. Ihn zeichnet ein unheimlicher Ehrgeiz aus. Vielleicht hat er zuviel davon - manchmal bestimmt. Er demonstriert aber auch trotz des Ehrgeizes eine unheimliche Kälte im Parcours. Und er hat die Nervenstärke, den Ritt genauso umzusetzen, wie er sich das vorstellt. Er versucht immer, Zufälle auszuschließen. Das ist eine seiner größten Stärken. Seine Schwäche? Er ist schon manchmal ein Hitzkopf. Komplett ist Ludger deshalb, weil er nicht nur die paar Minuten im Parcours völlig Herr der Lage ist. Er bildet die Pferde richtig aus, hält sie fit, weiß, wie mit ihnen vertrauensvoll umzugehen ist, was er mit den Pferden machen kann und was nicht. Man wandelt da manchmal auf einem sehr schmalen Grat. Ludger ist derjenige, der das am besten im Griff hat."

ABGEMACHT IST ABGEMACHT

Zu Hause in Buchloe standen dem Olympiasieger zwei harte Gänge bevor: die Fahrt durch den jubelnden Ort mit anschließender Ansprache vor dem Rathaus – und das lange vereinbarte Gespräch bezüglich Classic Touch mit Rodo Schneider. Zwei Tage lang „drückten" sich Rodo Schneider und Ludger um das Thema. „Das war sauschwer", sagt Ludger zur gefürchteten Unterredung mit Schneider. Er spürte, daß auch der andere Probleme damit hatte, dem Olympiasieger das Pferd wegzunehmen. Ludger wollte die Stute nicht aus der Hand geben, aber er mußte. Dabei „hatte ich mir schon ausgemalt, mit ihr zum Traumpaar zu werden."

Classic Touch hätte als Beerbaums Nummer eins mit ihren acht Jahren die Zukunft vor sich gehabt. In anderen Fällen geht er schon mal mit dem Kopf durch die Wand, in diesem hat er sogar versucht, sich auf das ungewohnte Terrain der Diplomatie zu begeben. Vergeblich. Als er merkte, daß die Schneiders auf

Ein Ort steht Spalier.

sein Wort zählten, hat er die Flucht nach vorne angetreten und gesagt: „Okay, abgesprochen ist abgesprochen." In stillen Stunden hat er sich dann eingestanden, daß seine Aufgabe bei der Firma Moksel mit darin bestand, Ralf Schneider zu fördern. Seine eigene Karriere tat dabei eigentlich wenig zur Sache.

Auch für den jungen Ralf Schneider war es allerdings nicht nur die reine Freude mit der Olympiasiegerin unterm Hintern. Bis dahin von den Medien gelobt, schlug die Stimmung nun um. Schneider: „Ich war plötzlich der, der das Traumpaar kaputtgemacht hat. Das war 'ne echte Katastrophe." Dabei war lediglich ein fair ausgehandelter Beritt zu Ende gegangen.

Classic Touch lief nach Ralf Schneider noch eine Zeitlang unter Piet Raymakers. Verkehrte Welt: Beide Reiter trafen sich immer wieder bei Turnieren, stets auf dem Olympiapferd des anderen. Doch Ludger hatte mit Ratina mehr Fortune als Piet mit Classic Touch. Ihre internationale Karriere lief 1997 und 1998 langsam aus. Sie wurde durch Embryotransfer mehrfache Mutter

Nach den Taten jetzt die Reden

Ralf Schneider erlebte nicht immer nur Traumstunden mit seinem Superpferd.

und belegte bei dem neuen holländischen Besitzer bei größeren Springen eher Plätze im Mittelfeld.

Familie Beerbaum hat getrauert, und Senior Moksel wurde offenbar vom schlechtes Gewissen geplagt. Er versprach seinem Angestellten „ein anderes Pferd". Doch woher nehmen, wenn nicht stehlen?

Ratina Z

Mitten in der Nacht und noch in der Phase des großen Weltschmerzes klingelte bei Beerbaums das Telefon. Am anderen Ende der Leitung raunzte Alexander Moksel den hochdekorierten Untergebenen an: „Paul Schockemöhle hat Ratina gekauft. Warum wissen wir das nicht?“

Ludger war sprachlos, wußte keine Antwort auf die Frage, warum der Videotext vermeldete, was zu Insider Beerbaum noch nicht durchgedrungen war. Moksel muß richtig sauer gewesen sein, daß so eine Neuigkeit nicht bis nach Buchloe gedrungen war. Denn so ein Pferd hätte er auch gern in seinem Stall gehabt.

Zwei Tage später der Knüller, wiederum überbracht vom videotext-informierten Alexander Moksel: „Schockemöhle nimmt das Pferd nicht. Der Tierarzt hat die Stute nicht durch den TÜV gehen lassen.“ Hatte sie also nach eingehender Untersuchung für nicht gesund befunden. Gottlob wußte Ludger inzwischen Bescheid. „Das ist doch die, die die Silbermedaille gewonnen hat, oder?“ fragte Moksel sicherheitshalber nochmals nach. Beerbaum: „Ja, das ist die.“ Moksel: „Die kann dann doch nicht krank sein.“ Beerbaum: „Stimmt, normal ist das nicht, aber das wird kein Märchen sein.“ Moksel: „Ruf mal an, was die kosten soll.“

Beerbaum tat, was ihm vom Seniorchef regelrecht befohlen wurde. Das Ergebnis seiner Recherche: fast zwei Millionen Gulden, zwei Millionen Mark. Viel Geld für ein angeblich krankes Pferd. Moksel wurde ganz kribbelig. Er wollte – eine Nacht später – wissen, was eigentlich Sache ist. Sein Fazit: „Die müssen wir kaufen. Oder willst du sie nicht?“ Beerbaum: „Ja, ich will schon. Aber …“ Er dachte wohl, daß man besser die Finger von einem Ge-schäft ließ, das selbst Paul Schockemöhle storniert hatte. Doch gerade das reizte „den Alten“. Er beauftragte Ludger Beerbaum, den Tierarzt Dr. Stihl in der Schweiz anzurufen und sich nach der genauen Diagnose zu erkundigen.

Stihl erklärte dem Interessenten, daß die Stute zum Zeitpunkt seiner Un-

Ratina Z: „Mittelrahmige Stute, deren herausragende Qualitäten sich erst im Parcours offenbaren; gut gestelltes Vorderbein, leichte Mängel in der Stellung des Hinterbeines“ - so steht es im Buch „Olympia der Reiter - Atlanta 1996“ geschrieben.

tersuchung „akut lahm“ gewesen sei, sie aber nach seiner Einschätzung weiter im Sport bleiben könne. Ludger wußte von den Knieband-Problemen seiner späteren Superstute, schätzte sie aber, ebenso wie Dr. Stihl, als nicht allzu gravierend ein. Moksel kaufte das Pferd, wohl auch deshalb, um Paul Schockemöhle zu ärgern. Er bleute Ludger ganz nebenbei noch das Lebensmotto eines alten, erfolgreichen Geschäftsmannes ein: „Im Leben kommst du nur gegen den Wind hoch!“

Wie sehr Beerbaum zu dieser Zeit dem alten Hasen Moksel verbunden war, zeigt auch dies: Sein am 1. Oktober 1992 geborener Sohn heißt Alexander.

BEKANNTSCHAFT MIT EINER DIVA

Ludger hält sich nicht ganz ohne Grund für einen guten Reiter. Er fühlte sich befähigt, das schwierige Tier zu reiten. „Daß das aber so schwierig werden würde, hätte ich nicht gedacht“, gesteht er heute ein.

Ratina hat ihm alles abverlangt. Das konnte er aber nicht ahnen, als die Stute ihrer Box bei Piet Raymakers für immer den Rücken kehrte.

Erst war es ein Gefühl wie Weihnachten: Vor lauter Vorfreude strahlte Ludger wie ein kleiner Bub, der weiß, daß das Christkind statt der befürchteten Dampflok die heißersehnte Carrera-Bahn unter den Baum legen würde. Ratina war auf dem Weg nach Buchloe!

Beim Herbstturnier 1992 in Donaueschingen konnte sich der frischgebackene Olympiasieger kaum um die anstehenden Ritte im malerischen Schloßpark kümmern. Ständig telefonierte er nach Buchloe und erkundigte sich nach dem Stand der Vorbereitungen für den Empfang der Pferdedame. Alles sollte tipptopp in Ordnung sein, wenn die damals 10jährige braune, von Leon Melchior im Gestüt Zangersheide (dafür steht das Z hinter Ratina) gezogene Stute zum ersten Mal ihre Hufe in die neue Box setzen würde. Ludger überließ nichts dem Zufall. Er rief auch noch bei Piet Raymakers, dem Ex-Reiter, und Leon Melchior, dem Züchter, an. Beide mußten ihm zusagen, die gewohnte Decke, die bisherigen Gamaschen und das Halfter mit in den Transporter zu packen. Dann klingelte es noch einmal bei den Pflegern zu Hause: „Ist die Box ordentlich vorbereitet?“

„Im Leben kommst du nur gegen den Wind hoch.“

Alexander Moksel

Erst als er sich vergewissert hatte, daß seine Mannschaft – wieder einmal – zur besten Zufriedenheit arbeitete, stieg er ruhig in den Sattel.

Hannover

RATINA Z

Leb.-Nr.: 31 -68748-82 DECKSCH.-3174
Deckstelle:

Aus der Bedeckung der Stute: ARGENTINA Z H310213077 vom Hengst: RAMIRO Z am: 19.06.81 | vom Hengst: am: | vom Hengst: am:

ist nachfolgendes Fohlen 316874882
gefallen: Geb. am: 26.05.82 Geschlecht: STUTE
Züchter: Eigentümer: 31999001300 MELCHIOR,LEON ZANGERSHEIDE B 3760 LANAKEN
Besitzer: DERSELBE
Farbe und Abzeichen: BRAUN
UNREG.NACH L.GEOEFFN.ST.,R.HF.W.M.KRFL.---

Vater: RAMIRO Z 310077865 (HANN) BRAUN	VV RAIMOND 210380760 (HOLST)	RAMZES 210365437 (HOLST)	RITTERSPORN XX
			JORDI (A)
		INFRA H210145903 B (HOLST)	FANATIKER (HOLST) 210321940
			LINING (HOLST) H213914202
	VM VALINE Z H2103136 (HOLST)	COTTAGE SON XX 210375544	YOUNG LOVER XX
			WAIT NOT XX
		HOLLE H2101291 (HOLST)	LOGENSCHL. (HOLST) 210340243
			ILONA (HOLST) 2128783
Mutter: ARGENTINA Z H310213077 (HANN) FUCHS	MV ALME P.B. Z 310077466 (BELG.) B	IBRAHIM	THE LAST ORANGE
			VAILLANTE
		GIRONDINE	ULTIMATE XX
			J'VINS-MARS
	MM HEUREKA Z H317660360	GANEFF 210362847 (HOLST)	LOPSHORN (HOLST) 210310637
			MAJA (HOLST) H210227003
		NOBIDA 2162555 (HOLST)	FALERNER (HOLST) 2103174
			FULMIANE (HOLST) 2159299

Hannover
Gebrannt am 22.11.1983
gez.Dr.Bade
Fohlenbrand (linker Hinterschenkel)

Eintragungsbrand und Stutbuchnummer siehe Rückseite!

Weitere Abstammungen der mütterl. Vorfahren:

Vorstehende Angaben werden hiermit bestätigt 21/01/83 Riechers und weitere Generationen

03. 11. 92 12:19

„Bisher war ich ein Verfechter der deutschen Reiterei, die vom Pferd den 100prozentigen Gehorsam verlangt. Mit dem Alter, der Erfahrung und auch der Klasse der Pferde macht man dann schon Zugeständnisse bei den ganz guten, von denen man weiß, die gingen mit anderen Reitern auch sehr gut.“

Ludger Beerbaum

Einen positiven Nebeneffekt hatte der Transfer der Ausrüstung übrigens auch noch: Weil Ratinas Transportgamaschen um Klassen praktischer waren als das auf dem deutschen Markt erhältliche Material, überredete Ludger seinen Ausstatter, die Firma Eskadron, Beinschoner ähnlich nachzufertigen. Mit sensationellem Erfolg: Viele tausend Reiter sind inzwischen von den „Gamaschen-Nachbauten“ angetan. Für Eskadron ein Riesengeschäft. Ludger: „Hätte ich damals nur Verkaufsprovision eingefordert ...“

Ludger fieberte der ersten Begegnung mit der so erfolgreichen Olympiazweiten regelrecht entgegen. Als er zum ersten Mal in der Reithalle in Buchloe in den Sattel stieg, Grundlektionen und ihre Ritttigkeit überprüfte, war er ganz zufrieden. Je mehr er aber ins Detail ging und die Stute forderte, um so mehr wehrte sie sich gegen den starken Reiter. Langsam kamen ihm Zweifel: Die Stute reagierte nicht auf die feinen, aber strengen Befehle ihres Reiters. Sie wehrte sich gegen bedingungslose Unterwerfung, strengte sich bald nicht mehr 100prozentig an, zeigte wenig Freude am Springen. Kurz, sie „griff nicht richtig an“.

Ludger war unzufrieden mit sich und der teuren Neuerwerbung. Sein Stolz ließ es aber nicht zu aufzugeben. „Ich schaute mir Hunderte Videos an, sprach mit Kollegen, versuchte alles, um sie richtig in Gang zu bekommen.“ Er wußte ja, daß unheimliches Können in dem Pferd steckte.

Nach und nach kam sich das Paar näher. Die Stute hatte einen kleinen Sieg über ihren Reiter errungen, denn zum ersten Mal gab Ludger einem Pferd mehr Freiraum, als er vorher zu geben bereit gewesen war.

Ratina Z war unter ihrem vorherigen Reiter Piet Raymakers sehr gut gegangen, schließlich wurden beide nach dem deutschen Dreamteam Beerbaum/Classic Touch Olympiazweite in Barcelona. Der Holländer war eine Partnerschaft mit der hoch im Blut stehenden Hannoveraner Stute eingegangen, indem er sie nach ihrem Willen und in der ihr eigenen Art über den Parcours gehen ließ. Dadurch hatte er sie allerdings öfter mal nicht richtig unter Kontrolle gehabt. Ludger wollte mehr. Er wollte ein freudig springendes, zu Höchstleistungen motiviertes Pferd, das aber exakt, zu jedem Zeitpunkt, das machte, was der Reiter ihm abverlangte.

Paul Schockemöhle hält diese Wesensart für Ludgers größte Stärke – niemals dem Zufall eine Chance zu geben. Doch es gibt Momente, in denen auch ein Siegertyp seine Meisterin findet. Kaum zu glauben, wie er den schwierigen Weg zur eigenwil-

Piet Raymakers hatte Ratina gewähren lassen - und damit Erfolg gehabt.

ligen Diva schaffte: „Ich habe in gewisser Weise kapituliert". Wer hätte ein solches Geständnis des „Perfektionisten" (Beerbaum über Beerbaum) erwartet?

Um nur ja nicht in Versuchung zu kommen, der Diva seinen Willen aufzuzwingen, wird Ratina vorrangig konditionell fit und „mental bei Laune" gehalten. Ludger: „Das setzt voraus, daß ich sie gar nicht viel reite und ihr damit die nötige Freiheit lasse." Selbst Manfred Kötter, der im Winter für die dressurmäßige Ausbildung der Beerbaumschen Springpferde verantwortlich ist, hat sich dieser Meinung mit einem fatalen Urteil angeschlossen: „Bei dem Pferd ist die letzte Kontrolle nicht zu erzielen."

Für Ratina Z ist Ludgers langjährige schwedische Pferdepflegerin – Ludger nennt sie lieber „Stable-Managerin" – Marie Johnson zuständig. Sie kümmert sich um das selbstbewußte Roß,

Ludger kannte von Beginn an die Schwächen seiner Ratina. Die Muskulatur in der Hinterhand ist nicht gut ausgeprägt. Von einem Tierheilpraktiker hatte er erfahren, daß sie zu kurze Bänder am Knie hat. Darauf versuchte er Rücksicht zu nehmen und beim Reiten nicht mehr so energisch „die Hinterbeine heranzuholen" wie sonst. Die schmerzhafte Folge wäre sonst eine Überdehnung der Bänder gewesen.
Ratina tritt von Natur aus mit der Hinterhand nicht besonders gut unter den Schwerpunkt. Um das zu ändern, ohne dabei die besagten Probleme herauszufordern, hat sich ihr Reiter als Tüftler betätigt und auf ein ganz neues Terrain gewagt.
Die Sache spukte ihm schon länger im Kopf herum. Auf der eigenen Anlage in Riesenbeck war es dann soweit: Es ist früher Morgen. Pflegerin Marie holt ihren Lieblingsschützling aus der Box. Ratina wird nicht gesattelt, sondern an der Trense in die Halle geführt. Ludger nähert sich der aufmerksam um sich schauenden Braunen mit ungewöhnlich langen Leinen. Er spricht mit ihr und zurrt dabei ein Fahrgeschirr, das er sich ebenso wie die Fahrleinen hat besorgen lassen, im Trensenring fest. Dann bindet er einen Autoreifen an die Leinen und schnalzt leise mit der Zunge. Die Stute setzt sich in Bewegung.
Ludger hat sich auf alles gefaßt gemacht, nur darauf nicht: Ratina tut, wie ihr befohlen. Sie bewegt sich langsam und zieht den Reifen über den weichen Hallenboden. Und es geschieht genau das, was sich Ludger in schlaflosen Nächten vorgestellt hat: Um den schweren Reifen von der Stelle zu bringen, muß die Hinterhand kräftig untertreten. Der Hobbykutscher in Reitklamotten strahlt wie ein kleiner Schuljunge. Er kann kaum fassen, daß die Stute so freudig mitspielt.
„Ich dachte erst, die springt mir durch die Hallenbande", sagt er. Aber das Pferd findet Gefallen an der neuen Tätigkeit als Zugtier. Und nach einigen solcher Kraftübungen stellt sich auch die gewünschte Wirkung ein.

reitet und verhätschelt es. Ludger: „Ich muß mir leider den Schuh anziehen, daß das Pferd regelrecht verzogen ist."

Fällt eine Streicheleinheit – wohlgemerkt von Marie, auf Tätscheleien ihres Reiters könnte die Stute auch ganz gut verzichten – mal weniger intensiv aus, gebärdet sie sich, wie ihr Reiter und Besitzer meint, „echt zickig": „Wenn die nicht als erste gefüttert wird, dann guckt die schon zickig. Wenn die nicht fünf Mal am Tag rauskommt, guckt sie auch zickig. Wenn das Licht angeht, schaut sie schon zur Box raus und macht deutlich: „Hier geht es los".

Ludger kann solche Verhaltensweisen bei Herdentieren, wie es Pferde nun mal sind, eigentlich nicht leiden. Doch es führt kein Weg daran vorbei: Marie ist die erste im Stall, und Ratina ist nun mal ihr Liebling.

Rechte Seite: Stable-Managerin Marie mit Liebling Ratina

Die Stute genießt im Stall besondere Vorrechte. Marie reitet Ratina öfter als Ludger. Sie verschafft ihr viel Abwechslung, nimmt sie zwei- bis dreimal täglich aus der Box, geht mit ihr ins Gelände, auf die Rennbahn, durch den Wald spazieren. Seelenarbeit statt Muskelarbeit, so könnte man den Trainingsplan (siehe auch Seite 106) überschreiben.

Richtig hart angefaßt wird die Stute von Marie nicht. „Ich reite sie ganz locker." Marie ist der festen Überzeugung, daß es reicht, wenn Springpferde „vorwärts, rückwärts, seitwärts gehen können." Mehr brauche Ratina nicht. Dressurreiterei im klassischen Sinne „hat sie nicht nötig".

Erst als sich der Chef auf die Moden der vierbeinigen Diva eingelassen hatte, ging's bergauf. Dann klappte die Zusammenarbeit endlich, konnten von 1993 an die Früchte der schwierigen Arbeit eingefahren werden.

Die Erfolge des seit 1992 bis heute ganz vorne in der Weltrangliste rangierenden Reiters konnten sich nach dem spektakulären Pferdewechsel von der Olympiasiegerin Classic Touch zur Nummer zwei Ratina weiter sehen lassen. Mit Ratina gewann

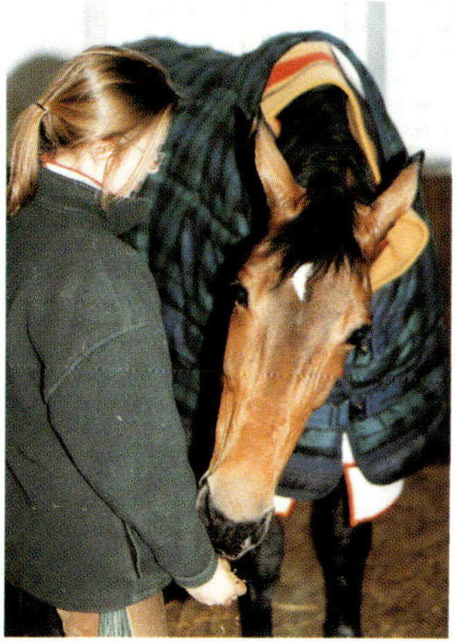

Seelen- statt Muskelarbeit: Marie und Ratina

Ein Paar wie gemalt

Linke Seite:
Dieses kraftvolle und doch so harmonische Foto von der Weltmeisterschaft in Den Haag 1994 gefiel Reiter und Sponsoren so gut, daß es einige Zeit lang als Autogrammkarte diente. Leider nutzte die schöne Studie nichts ...

Ludger 1993 in Göteborg das Weltcup-Finale, bei den Weltreiterspielen in Den Haag holte er mit der Mannschaft die Goldmedaille und belegte den vierten Platz in der Einzelwertung. Ratina wurde als bestes Pferd geehrt – sie machte beim traditionellen Pferdewechsel unter den vier bestplazierten Reitern eine überragende Figur.

… Ludger wurde „nur“ Vierter (rechts Bruder und Assistent Markus Beerbaum).

BUCHLOE ZUM ZWEITEN UND ZUM LETZTEN

Wie es 1994 in Buchloe weiterging, beschreibt das Internationale Sportarchiv Munzinger in wenigen Worten: „Nach dem Zusammenbruch des Moksel-Imperiums übernahm Beerbaum 1994 als gleichberechtigter Gesellschafter die Almox Sportpferde GmbH und konnte so mit Mitaktionär Rodo Schneider, dem Vater von Ralf Schneider, einen Teil der wertvollen Springpferde halten.“

Rodo Schneider rechnet seinem Mitgesellschafter der neuen „B + S Sportpferde GmbH“ hoch an, daß „Ludger immer loyal war und auch in schweren Zeiten dafür gesorgt hat, daß wir positiv in den Schlagzeilen standen“.

Der Abgang aus Buchloe ging schnell vonstatten, etwas zu schnell. Denn zum Schluß vertrugen sich das Team Schneider/ Beerbaum und Alexander Moksel nicht mehr. Zum Bedauern von Ludger Beerbaum, der weiß, was er dem eigenwilligen Mäzen zu verdanken hat.

Ein kompliziertes Vertragswerk regelte die Besitzrechte an den Pferden, die vorübergehend in den Stallungen des Deutschen Olympiade-Komitees für Reiterei (DOKR) in Warendorf unterkamen.

Probleme gab es – wer hätte dies der „kranken“ Stute vorher zugetraut – ausgerechnet wegen Ratina. Sie durfte keineswegs separat aus dem Vertragswerk herausgekauft werden, sonst wäre sie zu ihrem Züchter Leon Melchior zurückgegangen. Die ganze Firma mußte also im Paket gekauft werden. Im Mai 1996 erzählte Ludger Beerbaum der Schwäbischen Zeitung, wie er sich unter Mithilfe von Rodo und Ralf Schneider aus der Angestelltentätigkeit zum Selbständigen in Sachen Springsport entwickelte: „Ich habe damals 24 Pferde übernommen, eine Führmaschine, drei LKWs, zwei Autos, einige hundert Pferdedecken und was sonst noch dazugehört."

Ratina mußte gehalten werden! So geschickt wie im Springsattel, so clever verhandelte der Jungunternehmer in Sachen bestes Pferd im Stall. Da kam ihm zupaß, daß nach der WM in Den Haag Interessenten für die Stute auftauchten. Über den damaligen Vorsitzenden im FN-Springausschuß, Hendrik Snoek, wurde daher hurtig ein Pool gegründet, der einzig das Ziel hatte, Ratina Z bis zu den Olympischen Spielen 1996 in Atlanta in deutscher – Ludgers – Hand zu halten. Mit einem monatlichen „Handgeld" zur Versorgung der Superstute.

Die „Firma" war also gegründet, die „Verhandlungsmasse" sichergestellt, doch es gab noch keinen Unternehmenssitz. Wo die Zelte aufschlagen? Auf die Schnelle am besten mitten im offiziellen Reiterzentrum der Deutschen Reiterlichen Vereinigung in Warendorf. Die Verantwortlichen, Dieter Graf Landsberg-Velen

GLEICHBERECHTIGT: RALF SCHNEIDER

Die Almox Sportpferde GmbH ging 1994 komplett in die „B + S Sportpferde GmbH" über. Die beiden gleichberechtigten Gesellschafter sind Ludger Beerbaum und Ralf Schneider.

Trotz der großen Dominanz des mehrfachen Olympiasiegers klappt das Zusammenspiel der Partner nach Einschätzung von Ralf Schneider sehr gut. „Wir waren schon Freunde, bevor wir Geschäftspartner geworden sind", erzählt Ralf aus Buchloer Zeit. Natürlich akzeptiert der Juniorpartner, daß das Wort eines Ludger Beerbaum in mancher Hinsicht mehr Gewicht hat als das seine. „Warum sollte ich die Wahrheit verzerren?" sagt Ralf ehrlich. Schließlich profitiere er von der enormen Erfahrung und Klasse seines Kollegen. „In reiterlicher Hinsicht glaube ich Ludger alles. Ich habe im Laufe der Jahre gelernt, in seiner Weise zu denken, weiß, was er meint."

Ludger trainiert Ralf seit 1989, hat ihn im Laufe der Jahre an die deutsche Spitze geführt. Fachlich sei Ludger Beerbaum „sehr, sehr schwer zu widerlegen". Was Ralf Schneider an Ludger schätzt, ist, daß dieser ihm „immer das Gefühl vermittelt, gleichberechtigt zu sein".

und Geschäftsführer Reinhard Wendt, machten spontan zwanzig Boxen frei, auf Kosten der dort untergebrachten Vielseitigkeitsreiter, die Ludger denn auch „am liebsten abgeschossen" hätten, wie er wohl weiß. Doch so etwas kratzt einen Beerbaum nicht.

Seine schwedischen Pflegerinnen Marie und Sanna wurden schnell nach Warendorf geschickt, um dort die Pferde für die Turniere zu betreuen. Ludger hatte derweil Größeres im Sinn. Er wollte endgültig eigener Herr auf dem eigenen Hof sein. Als bekennender Landwirtssohn ist auch für ihn der Besitz von Grund und Boden die wichtigste Altersversorgung. Aus dem Reiter und Jungunternehmer wurde nun auch ein Bauherr. Onkel Hans Meyer hatte seinem Neffen bereits nach dem Weggang aus Mühlen angeboten, in Riesenbeck heimisch zu werden. Dort warteten 4,6 Hektar für Haus und Hof, dazu 16 Hektar Feld (zehn davon sind verpachtet) auf einen neuen Bewirtschafter.

Nun wurde es ernst. Barbara Beerbaum kümmerte sich von Buchloe aus um Bau und Einrichtung des Wohnhauses, Ludger verhandelte an den Werktagen, zwischen den Turnieren und an den Wochenenden per Handy mit seinem Bauleiter und den Behörden. „Ich wußte, wie die Reitanlage aussehen sollte, habe mir die Details überlegt und aufgezeichnet." Er plante einen Stall mit 24 Boxen, eine 70 x 25 Meter große Reithalle mit Bürotrakt, Aufenthaltsraum, Sitzungszimmer und Wohnungen für die Angestellten. Inzwischen ist auch ein 80 x 35 Meter großer Springplatz entstanden, daneben eine Rennbahn vorgesehen, im Feld sind auf dem eigenen Grund die festen Sprünge des Hamburger Derbys nachgebaut.

Große Erfolge bringen nicht nur Ansehen bei den Fans, sondern auch im Rathaus. „Die Weltmeisterschaft in Den Haag hat geholfen, Türen zu öffnen." Ludger wollte – konnte – zu Beginn nicht klotzen. Er bestellte für die Hallenwände einfaches Trapezblech, große Fenster waren nicht vorgesehen, eine Isolierung der Halle fehlte.

Wer heute nach Riesenbeck reist, sieht dort von der Straße aus ein mondä-

Die neue Anlage in Riesenbeck. Hier läßt sich leben und hochprofessionell trainieren.

Das Wohnhaus der Familie Beerbaum ist ganz nach den Wünschen von Ehefrau Barbara gestaltet.

nes, weiß eingezäuntes Anwesen, eine hochprofessionelle, lichtdurchflutete und verglaste Halle mit ausreichenden Maßen für ein internationales Turnier, voll isoliert und beschallt, einen geräumigen – und aufgeräumten – Wohntrakt für die Angestellten, edle, weiß umzäunte Koppeln, Hengstgatter, zwei Außenplätze mit 1a Boden.

Hat die Familie auf dem Anwesen eine Goldader entdeckt? Oder gibt es einen potenten Gönner? Später dazu mehr.

OLYMPIA 1996

Die Olympischen Spiele 1996 in Atlanta sollten der Höhepunkt in Ludger Beerbaums reiterlicher Karriere werden. Mit unglaublicher Perfektion hatte er den großen Auftritt mit Ratina Z geplant, über ein Jahr vorher schon die Turnierstarts darauf ausgerichtet.

Auch er selbst hatte sich auf das bevorstehende Großereignis vorbereitet und sich unters Messer begeben, um sich am

Innenmeniskus operieren zu lassen. Die Auswirkungen der langjährigen „Kniebeugen" im Springsattel sollten für den Fast-1,90-Meter-Mann nicht gerade in Atlanta zu einem ernsten Problem werden.

Er zählte sich durchaus zu den Favoriten. Im Gespräch mit der Schwäbischen Zeitung sagte er Anfang Mai: "Ich traue mir zu, wieder Olympiasieger zu werden. Ich gehöre, wenn nichts passiert, sicher zu denen, die gewinnen können." – Wenn nichts passiert ...

EINFACH GESUNDER MENSCHENVERSTAND!
Bundestrainer Herbert Meyer ist eigentlich bisher nicht dafür bekannt gewesen, hellseherische Fähigkeiten zu besitzen, eher schon gesunden Menschenverstand. Als ihm die Stuttgarter Zeitung kurz vor Olympia 1992 die Frage nach seiner Wunsch-Equipe für Barcelona stellte, antwortete er: „Ludger Beerbaum - mit vier Pferden." Die Stuttgarter Zeitung beurteilte diesen Scherz als „höchstes Lob für einen der besten Springreiter der Welt, zweifellos ein Medaillenaspirant in Barcelona", zugleich aber auch als Beweis für „einige Sorgen bei der Suche nach der geeigneten Formation".

Der erste Höhepunkt der grünen Saison war 1996 für die Springreiter die Deutsche Meisterschaft in Balve, der zweite das CHIO in Aachen. Beide Turniere galten als Sichtungsturniere für die Reiter. Deutscher Meister wurde einer, der – obwohl schon international erfolgreicher Ponyreiter– als Pferdepfleger bei Alwin Schockemöhle angefangen hatte: Ulrich Kirchhoff mit dem Hengst Jus de Pommes. Mit deutlichem Abstand wurde Franke Sloothaak mit der Stute Weihaiwej Zweiter. Holger Wulschner erreichte auf Capriol den dritten Platz. Rang vier teilten sich Ludger Beerbaum/Ratina und Lars Nieberg/ For Pleasure. In Aachen bildeten der unangefochtene „Leitwolf" (so Bundestrainer Herbert Meyer) Ludger Beerbaum, Sloothaak, Nieberg und Kirchhoff das siegreiche Nationenpreisteam. Aachen 1996 wurde zum Ludger-Beerbaum-Festival, denn mit Ratina gewann er auch den Großen Preis – „einer meiner schönsten Einzelerfolge", wie er findet. Aachen – fast so wertvoll wie Olympia! Mit dieser Mannschaft sollte auch im feucht-heißen Atlanta um Medaillen gekämpft werden. Eine Ausnahme: Sloothaak sattelte Joly Coeur seines neuen Sponsors San Patrignano, nicht Weihaiwej.

Olympia in Atlanta, erster Umlauf. Sloothaak sollte beginnen. Bis Sprung neun war die Welt in Ordnung. Dann geschah das Unfaßbare: Sloothaak verpaßte den Absprung total, Joly versuchte, den Sprung quasi aus dem Stand zu bewältigen, und schleuderte seinen Reiter aus dem Sattel. Dieser wurde an Rücken und Hand vom Pferdehuf getroffen. Das Blut spritzte, der Auftritt war beendet. Hektik allerorten.

Während sich Sloothaak eilends die Wunde nähen ließ, kümmerte sich das restliche Team um den zweiten Starter Lars Nieberg mit dem Hengst For Pleasure. Trotz großer nervlicher Belastung gelang ihm ein Null-Fehlerritt. Präzise und souverän auch Kirchhoffs Olympiapremiere, es standen lediglich Zeitfehler zu Buche. Ludger Beerbaum, Coach und Reiter in Personalunion, bestätigte seine Fans mal wieder in ihrem festen Glauben, daß bei einem Gespann mit Beerbaum im Sattel die Fehler – wenn überhaupt – vom Pferd gemacht werden. Und Ratina Z machte keine Fehler – das Paar blieb strafpunktfrei.

Der zweite Umlauf verlief wieder spannend. Franke Sloothaak rehabilitierte sich und seinen „Blackout“ mit einer Null-Fehlerrunde, Kichhoff blieb sich mit einem erneuten Zeitfehler treu. Jetzt patzte Lars Nieberg, der gleich drei Stangen mit For Pleasure zu Boden beförderte. Streichergebnis! Bundestrainer Herbert Meyer tröstete: „Besser, einer hat alle Fehler, als schön auf alle verteilt.“

Als Schlußreiter hätte sich Ludger sogar zwei Abwürfe leisten können, doch dazu ließ er es nicht kommen. Mit gezückter Boris-Becker-Faust konnte er durch die Ziellinie galoppieren. Er wußte, Aufgabe eins im Unternehmen Olympia war gelöst, die Mannschafts-Goldmedaille gewonnen.

Das St. Georg-Olympiabuch Atlanta 1996 berichtete: „Noch sah es so aus, als ob Beerbaum als bester Reiter in den Qualifikationen mit guten Aussichten ins Einzelfinale gehen konnte.“

Die Freude über den gelungenen Teil eins der Olympiamission währte nur ganz kurz. Als sich die Reiter im deutschen Haus von den Fans noch feiern ließen, herrschte in den Stallungen schon jähes Entsetzen. Ratina Z stand quasi auf drei Beinen in ihrer Box. Sie konnte nicht mehr auftreten. Ihre Pflegerin Marie hatte längst einen Arzt zugezogen. Alle wußten schon, was Ludger noch nicht ahnen konnte: Aus für Ratina!

Am nächsten Morgen die Gewißheit: Ratina war lahm, sie mußte zurückgezogen werden. Ein Schock.

Auf Goldkurs

Da war die Welt noch in Ordnung.

Reiter und Medaillen strahlen um die Wette.

„Mir blieb nur sehr kurze Zeit, um mich zu freuen", beschreibt Beerbaum seine größte sportliche Enttäuschung bisher. Die Goldmedaille in der Einzelwertung war so greifbar nahe gewesen. Alle wußten, daß ein Ludger Beerbaum mit einem gesunden Pferd die Chance beim Schopf gepackt hätte.

Tapfer versuchte er, die verpaßte Gelegenheit zu vergessen, und machte sich Hoffnung auf eine baldige Genesung seines Olympiapferdes. Kleiner Trost: Team-Mitglied und Olympia-Neuling Ulrich Kirchhoff hat sich die Einzel-Goldmedaille geschnappt. Aber auch hier liegen Freude und Trauer dicht beieinander: Kaum zu Hause angekommen, stirbt sein Olympiapferd Jus de Pommes grausam trotz zweier schnell vorgenommener Operationen an den Folgen einer Kolik.

EM IN MANNHEIM 1997

Nach Atlanta bekam Ratina eine viermonatige Regenerationsphase. Sie dankte es ihrem Reiter mit neuem Schwung und altem Eifer beim Überwinden der ersten Parcours in Riesenbeck. Als sie im Januar 1997 zu Hause wieder über Distanzen sprang, war der Reiter überglücklich: „Sie hat nichts verlernt."

Das ganze Jahr 1997 stand im Zeichen der Europameisterschaft im eigenen Land. Mannheim hatte den Zuschlag bekommen. „Dieses Championat war in mehrfacher Hinsicht wichtig für mich", gibt Ludger zu. Nachdem sich einer der beiden Anführer, Franke Sloothaak, an der Schulter verletzt hatte, sollte Ludger nun als „alleiniger Leitwolf" das Rudel anführen. Die Vorbereitungen zu dieser Premiere als Spielertrainer fanden in Riesenbeck statt. Ludger hielt alle Fäden in der Hand und bestimmte maßgeblich mit. Das war nicht ganz ungefährlich, denn „im eigenen Lager waren die Messer schon gewetzt" (Beerbaum). Schon die Zusammensetzung der Mannschaft barg Sprengstoff: Nach einiger Fürsprache des großen Bruders war Markus Beerbaum ins Team gekommen, das von Lars Nieberg und Markus Merschformann komplettiert wurde.

Auch Mannheim hatte sich eine schwere Bürde aufgeladen: Zwei Jahre zuvor waren die Deutschen unter Protest aus St. Gallen abgereist – in Mannheim sollte der Öffentlichkeit gezeigt werden, daß alles besser laufen kann, Regen hin oder her. Und als das Turnier begann, regnete es in Strömen! Der Boden verschwand unter den Unwettern. Erinnerungen wurden wach. Doch wie von Geisterhand befohlen, versickerte das Wasser. Aus einem großen See wurde wieder ein veritabler Reitplatz – die Prüfungen konnten beginnen.

Die Konkurrenz sieht dieses Paar meist von hinten.

Ludger hatte sich viel vorgenommen mit Ratina. Voll konzentriert und kaum ansprechbar coachte er die ganze Mannschaft glänzend und ritt wie so oft fehlerfrei. „Für mich ist es eine gewaltige Genugtuung, daß ich einen Erfolg meines früheren Lehrmeisters Paul Schockemöhle einstellen konnte – dreimal Null. Das schaffte nur einer zuvor, Paul 1981 in München."

Auf den deutschen Reitern lag ein extremer Druck, aber Ludger behielt recht mit seinem Einsatz für den Bruder: Der „Kleine" trug mit einer Doppel-Nullrunde

Denen haben wir's mal wieder gezeigt!

Das Thema Doping hat sich aufgrund der rigorosen Kontrollen inzwischen verlagert. Derzeit werden – unbeanstandet – homöopathische Mittelchen, Bachblüten u.ä. verabreicht, um die Vierbeiner bei Laune zu halten, ihnen Mut zu machen, sie streßfrei über die Runden zu bringen. „Ein echter Erfolg", findet Ludger Beerbaum.

im Nationenpreis wesentlich zum Mannschaftssieg bei. Insgesamt wurde Markus fünfter in der Einzelwertung und entledigte sich damit des Attributes „kleiner" Beerbaum.

Ludger war Einzel-Europameister, aber das Attribut „strahlender Sieger" – das er sich mit seinen glänzenden Ritten auf der genesenen Ratina mehr als verdient hatte – wollte nicht so recht passen. In den Sektkelch war eine bittere Substanz getropft, die bis heute keiner zu analysieren vermochte. Beschlagnahmt wurde die Flüssigkeit, im Innern einer gebrauchten Spritze, von den Offiziellen in der Box von Beerbaums härtestem Konkurrenten Hugo Simon. Was war passiert? Ein Steward hatte bei seinem Kontrollgang die besagte Spritze zwischen den beiden Umläufen am Finaltag in der Box von E.T. – Hugo Simons Championatspferd – sichergestellt. Sofort machte das Wort Doping, verbotene Manipulation die Runde. In der Pressekonferenz darauf angesprochen, verlor der Silbermedaillengewinner Simon fast die Nerven. Er kündigte sogar kurzfristig die langjährige Freundschaft mit dem Mannheimer Veranstalter Peter Hofmann auf.

Noch immer wird über die Substanz in der Spritze spekuliert. Gefunden wurde in den Dopinglabors nichts. Daraufhin fühlte sich die Internationale Reiterliche Vereinigung (FEI) veranlaßt, sich offiziell beim Reiter zu entschuldigen. Was feststeht: Bei Championaten müssen alle Injektionen offiziell angemeldet werden. Der Reiter Simon hatte dies unterlassen. Was auch immer in der Spritze gewesen sein mag, die Substanz hätte angemeldet werden müssen.

Der Vorfall führte auch hinter den Kulissen zum Zwist. Bei einem handfesten Streit unter den Reitern im kanadischen Calgary drohte Hugo Simon allen Übelrednern, auch Ludger Beerbaum, mit dem Rechtsanwalt. Da platzte dem Europameister endgültig der Kragen: „Du brauchst keinen Anwalt, sondern einen Freund."

UND DANACH?

Dreimal hat sich die treue, aber auch anfällige Stute nach Verletzungen aufgerappelt und damit ihrem Reiter und Besitzer zu Siegen und hohen Preisgeldern verholfen. Ihre Lebensgewinnsumme belief sich Ende 1998 auf stolze 1,8 Millionen Mark. Es stellt sich die Frage, wie es nach der aktiven Laufbahn seines besten Pferdes im Stall weitergehen soll. Mit einer geklonten Ratina? Noch ist die Wissenschaft nicht soweit. Aber: „Die Frage habe ich mir schon ein paarmal gestellt. In letzter Konsequenz könnte ich sie nicht beantworten", meint Ludger. Dann: „Der ganze Klongedanke ist schon abscheulich. Aber aus purer Neugier – angucken würde

Die Messer blieben in den Taschen – das siegreiche EM-Team Markus Beerbaum, Markus Merschformann, Ludger Beerbaum und Lars Nieberg (von links). Im Vordergrund Bundestrainer Herbert Meyer.

Berechtigter Stolz - Ludger und Markus mit ihren Eltern

ich das schon mal. Ich vermute jedoch, daß sie vielleicht doch nicht so wäre wie jetzt."

Die Gene sind wohl doch nicht allesentscheidend. Wahrscheinlicher scheint ihm, daß es sich verhält wie bei den Menschen auch. Die „Kinderstube", die Umgebung, in der ein Fohlen aufwächst, die Mutter, die den Nachwuchs erzieht, die ersten Erfahrungen unter dem Sattel – das alles sei ausschlaggebend für das spätere Leben eines Pferdes. Als echter Familienmensch hat er seine Liebsten gern um sich. Auch nach der aktiven Laufbahn sollte deshalb Ratina nicht – wie mit ihrem Züchter Leon Melchior früher vereinbart – als Mutterstute ins Gestüt Zangersheide kommen. Ludger überlegte lange, wie er einen Abschied für immer verhindern konnte. Er wollte Ratina wie Rush on und Wetteifernde als rüstige Rentnerin auf der Koppel sehen und sich bei ihrem Anblick an die gemeinsamen Auftritte erinnern. Um dies zu erreichen, hat er eine geniale Idee ausgeheckt.

Im Oktober 1998 ließ er Ratina samt ihrer Pflegerin Marie zwei Monate im mexikanischen Monterrey Urlaub machen. Dort gibt es die beste tiermedizinische Versorgung in Sachen Embryotransfer. Während der Regenerationsphase nach einer Verletzung in Calgary wurden der Stute zwei befruchtete Embryos entnommen und anderen Muttertieren eingepflanzt. Das Ziel: Sowohl Alfonso Romo, auf dessen Anlage Ratina versorgt wurde, als auch Züchter Melchior bekommen jeweils ein wertvolles Ratina-Fohlen. Ludger verzichtet auf ein Fohlen, dafür darf er Ratina nach ihrer sportlichen Karriere behalten.

Obwohl sich der Turnierstart im Frühjahr 1999 gut anließ, fällte Ludger im Januar den Entschluß: Ratina Z wird beim CHIO in Aachen verabschiedet. Am 20. Juni war es dann soweit: Vor 40 000 zu Tränen gerührten Zuschauern bedankte sich der Reiter mit stockender Stimme beim erfolgreichsten Championatspferd aller Zeiten, das noch wenige Augenblicke vorher im Großen Preis von Aachen den 5. Platz errungen hatte. Unter Gloria Gaynors Hit „I am what I am" drehte die Superstute ihre letzte Runde vor großem Publikum.

Aachen 1999 – Verabschiedung vor großem Publikum.

Rush on

Mit diesem Pferd verbindet Ludger Beerbaum eine innige Haßliebe. Zusammengekommen sind die beiden erst Jahre, nachdem es bei Ludger gefunkt hatte. Schon 1989 wollte ihn der Reitprofi haben, doch damals war der schwarze Westfalenwallach noch zu teuer. Unter dem Nachwuchsreiter Peter Schuhmacher lief er mal besser, oft schlechter im Parcours. Wenn der eigenwillige Rappe wollte, dann sprang er Häuser, wenn er – immer öfter – nicht wollte, dann lag sein Reiter im Dreck oder schien hilflos im Sattel zu hängen.

1991 gab Fritz Ligges, der Bundestrainer der Junioren und Jungen Reiter, dem noch immer begeisterten Ludger einen Tip: „Die sind mit dem fertig." Beerbaum bemühte sich um den launischen Schwarzen. Er erhielt den Zuschlag, ließ ihn verladen und holte sich damit auch einen Sack voller Probleme mit nach Buchloe. Denn „kein anderes Pferd hat mich so vorgeführt wie dieses". Und das trotz einer Gewinnsumme von 1,6 Millionen

Schon sein allererster Auftritt war spektakulär: Bei der 45. Westfalenauktion wurde die Katalog-Nr. 45, der schwarze Wallach Rocky Mountain, für DM 45 000,- zugeschlagen. Aus Rocky wurde sehr bald „Rushy".

Westfalen

Lebensnummer: 41 09380 82

Deckdatum: 18. 04. 81

Geb.-Datum: 20. 03. 82 Geschlecht: HENGST

Farbe: DUNKELBRAUN Abzeichen: UNREG.ST.,R.VFSL.,L.HF.UNREG.W.,

Züchter: Nr. 08919 BUSCH VAN DEN GEORG IM BRUCHFELD 10 4242 REES

Besitzer: Herrn - Frau

BUSCH VAN DEN GEORG Nr. 08919
IM BRUCHFELD 10
4242 REES

C45

Fohlen-brand: Westfälisches Pferdestammbuch 80

Eintragungs-brand:

In das ______ eingetragen.

Name: ______

Verband: ______

I. A.

(Datum) (Stutbuchführer)

Vater: REPORT LDB..000001925 DUNKELBRAUN	RAMIRO PR.H. 1745	RAIMOND 3807 HOLST.	RAMZES PR.H.3654
			INFRA H 1459
		VALINE HOLST.S.H 3136	COTTAGE SON XX 3755
			HOLLE H 1291
	JACKIE H.16493	JAEGER 1401	JUNGRITTER 925
			ST.PR.ST.HEIDEROSE H.7502
		KLASSE H. 10922	KLAUS 980
			ST.PR.ST.FERNANDA H.5150
Mutter: RENATE V.1 000005706 BRAUN	RIVALE 1717	RADETZKY 1412	RAMZES PR.H.1251
			MALTA H.6140
		SALINE H.14486	LOBSPRUCH 3499 HOLST.
			OPPELN HOLST.H 38
	FURY V.4952		

D 4400 Münster,den 29.06.1982

I. A. Stutbuchführer

Mark und diversen Titeln, darunter zwei deutschen Meistertiteln, 1993 in Verden und 1998 in Gera, zum Ende der aktiven Karriere von Rush on.

Der schwarze Westfale wird von Kennern als „Andy Möller unter den Springpferden" gescholten. Sowohl Borussia Dortmunds Fußballstar als auch Rush on galten zu ihrer großen Zeit als geniale Sportler, hochvermögend, ihren Kollegen weit überlegen. Den Durchbruch zur Weltspitze schafften jedoch beide nicht. Den unbedingten Einsatz bei Inkaufnahme der einen oder anderen Blessur, das überließen Pferd und Mann den anderen.

Ludger hat sich mit den Medien, dem Bundestrainer, den Kollegen angelegt – nur wegen Rush on. Er hat ihn mannhaft verteidigt, hat seine Ausfälle zu entschuldigen versucht. Es sei unglaublich ungerecht, wie sein Pferd seit der verkorksten Europameisterschaft in Gijón 1993 niedergemacht worden sei. Die

Springt er, oder hat er heute wieder mal keine Lust dazu?

Wenn Rush on sprang, dann sensationell.

Süddeutsche Zeitung 1993: „... und sein Ton ermutigt nicht zum Widerspruch".

Den Fachmedien war die Kontroverse um das von allen kritisierte und nur von einem geliebte Roß einige Artikel wert. Die SZ beschrieb die „Auszeit", die sich Rush on in Gijón genommen hatte, folgendermaßen: „Da stellte er im Nationenpreis vollends die Mitarbeit ein, strebte dem Ausgang zu und vergab damit die sichere Mannschaftsmedaille. Seitdem hat Rush on bei Meyer ausgespielt. Nie wieder, so schwor er sich, komme ihm dieses Pferd in eine Championatsmannschaft. Dabei kann er sich der Unterstützung des Springausschusses sicher sein. Doch Beerbaum kämpft um den Ruf seines Pferdes, als ob es sein eigener wäre. 'Gestern paßte die Distanz einfach nicht. Das Verweigern war meine Schuld', sagt er (nach einer erneuten Verweigerung bei den German Classics in Bremen) . 'Rush on ist eines der besten Pferde der Welt. Daß es in Gijón nicht geklappt hat, lag vor allem an mir. Ich hatte mich nicht optimal vorbereitet und bin auch nicht gut geritten.'" Die SZ weiter: „Alle Schuld auf sich zu nehmen, den Mißerfolg nicht seinem Pferd anzulasten, das ehrt den Olympiasieger aus Buchloe, auch wenn ihm seine Reiterkollegen seine Worte nicht ganz abnehmen."

Damals hat sich Beerbaum mit blitzenden Augen und finsterem Gesicht die Autorin des Artikels in der „Süddeutschen" vorgeknöpft, als diese sein Pferd mit Franke Sloothaaks erfolglosem Barcelona-Pferd Prestige verglichen hatte. Beerbaum empört: „Das ist, als ob man ein rostiges Fahrrad und einen Porsche vergleicht."

Abschied – „Alle haben geheult, nur Rush on nicht ..."

Ludger hätte alles dafür gegeben, einmal in die Gehirnwindungen seines eigenwilligen Tieres schauen zu können. Dieses Pferd widerlegt eine beliebte Tierschützer-These, wonach Pferde von ihren Reitern nur unter Zwang über die Hindernisse bewegt werden können. Wenn Rush on wollte, gewann er Titel, Prämien und Geldpreise; wenn er nicht wollte, brachte ihn Ludger über keinen Sprung. Und wenn ein Ludger Beerbaum das nicht schaffte, dann hätte auch kein anderer eine Chance gehabt. Er hat es mit Zuckerbrot und mit der Peitsche versucht – doch Herr im Ring blieb Rush on. Er hat Beerbaum geschafft.

1996 war auch Ludger ihn leid. Er hatte beschlossen, den Treulosen zu verkaufen. Doch zum Glück für das Pferd kauften ihn Winter-Schulzes, seine Mäzene, wieder zurück. Ludger hatte ihn damit wieder in Beritt. Es ging weiter wie bisher. Mal gewannen sie, mal verweigerte Rush on die Gefolgschaft. „Der war eindeutig nicht zu bezwingen. Das Ärgerliche darin ist, daß er mich so viel Energie, Einsatz und Enttäuschung gekostet hat. Ich habe noch kein Pferd gehabt, das so viel Talent hatte. Auch Ratina nicht. Der könnte drei Meter hoch springen. Aber der wollte halt

Ruhestand mit Familienanschluß

nur, wenn alles drum herum perfekt war. Wenn irgendwo ein Haar flatterte, wenn er kämpfen mußte, im Stechen mal schräg hingeritten wurde – dann verließen sie ihn."

So imposant er auch äußerlich war: Rush on war kein Kämpfer, er suchte sein Heil eher in der Flucht. Eine Eigenschaft, die einer wie Ludger Beerbaum schwer akzeptieren kann. Dennoch, als Ludger bei der Verabschiedung von Rush on in Gera so allein mit dem Sattel überm Arm im Stadion stand und dann Rush on am langen Zügel aus dem Parcours führte, konnte er nicht verhindern, daß ihm die Augenwinkel feucht wurden. Die FAZ kommentierte humorvoll. „Alle haben geheult, nur Rush on nicht.."

„Rushy", wie ihn die Pflegerinnen nennen, darf seinen Lebensabend auf der Koppel in Riesenbeck verbringen. Auch dort bleibt er sich treu und kriegt immer wieder mal eine kurze Krise – dann, wenn er die frische Luft satt hat und wieder in seine Box will.

Priamos

Aus einer Laune heraus, „nach einer Bedenkzeit von 15 Sekunden", sagt Madeleine Winter-Schulze, seien sie und ihr Mann Dieter in den Besitz von Priamos gekommen.

Die Geschichte ist eigentlich typisch: Ludger wußte 1996, daß der Fuchs zum Verkauf stand. Fürsorglich wollte er arrangieren, daß Priamos und sein Bruder Markus ein schlagkräftiges Team wurden. Markus war begeistert, sein Sponsor nicht. Ludger stand etwas im Regen, hatte er doch schon bei Willi Melliger, der nach der Auflösung des Hafemeister-Springstalls dessen sämtliche Pferde im Angebot hatte, Interesse an dem springgewaltigen Fuchs signalisiert. Er fühlte sich „im Wort", und um ordentlich aus der Sache herauszukommen, beschloß er schließlich, den Fuchs selbst zu reiten. Er sprach mit seinen Sponsoren, dem Ehepaar Winter-Schulze (siehe auch S. 96). Die kauften das Pferd im Eilverfahren und sind heute richtig happy. Denn: „Priamos war zwar teuer, doch nach 'nem Jahr hatte der das Geld wieder dicke reingebracht."

Westfalen

Lebensnummer: 41 08311 82

Deckdatum: 13. 04. 81

Geb.-Datum: 20. 03. 82

Geschlecht: HENGST ALS SAUGFOHLEN PRÄMIERT

Farbe: FUCHS

Abzeichen: CB.BR.I.L.NUEST.RCHD.BL.,UTL.W.,L.VF.,R.HF.UNREG.HOCH W.,L.HFSL.UNREG.W.,KRFLECKE, nachgetragen: unt.Vorderfußwurzelgelenk r. w. Fleck Mstr. den 25.

Züchter: Nr. C4203 LUMMER-FOEHRMANN KARL HEIPENWEG 20 4795 DELBRUECK-WESTENHO

Besitzer: Herrn - Frau

LUMMER-FOEHRMANN KARL Nr. C4203

HEIPENWEG 20

4795 DELBRUECK-WESTENHO

C40

Fohlenbrand: 11

Eintragungsbrand:

In das 10.1984 Pferdestammbuch eingetragen.

Name:

Verband:

i. A.

(Datum) (Stutbuchführer)

Vater: PILOT GEB. 410084174 BRAUN	PILATUS PR.H.1741	PERSEUS PR.H.1629	PLUCHINO XX PR.H.1492
			ST.PR.ST.ADRIA H.12453
		ST.PR.ST.DUELA H.14476	DUELLANT 3586 CELLE
			FORMEHRE HANN.S.H 56352
	GRATIA H. 19184	GRAPHIT 4122 CELLE	GRANDE 4032
			ST.PR.ST.FRUTANA HANN.S.H6294
		KORNELIA HANN.S.H 68057	KEITH 646 CELLE
			ST.PR.ST.FIRNWOLKE H 63976
Mutter: DORKA H. 410172417 FUCHS	DIREX 1859	DIRIGENT I 1743	DUDEN I 4043 CELLE
			WALDHIRTIN HANN.S.H 65086
		ST.PR.ST.FLORA H.15688	FRUEHLING 1598
			DORCHEN H.14669
	ST.PR.ST.FAMA H.410083172	FRUEHLINGSTRAUM II 1832	FRUEHLING 1598
			ABENDKIND H.14164
		REGULA H. 17066	ROMULUS II PR.H.1644
			AMBRA H.13080

13.07.1982

I. A. Stutbuchführer

Ludger hatte Priamos ursprünglich für seinen Bruder Markus ausgeguckt.

Die Gewinnsumme unter Ludger kann sich wirklich sehen lassen: DM 800 000 bis Ende 1998. Den Sprung zum Ersten unter den Besten schaffte Priamos mit Ludger 1998. Er wurde gewinnreichstes Pferd in Deutschland.

Ludger beschreibt den schicken Westfalen-Fuchs als „Kinderreitpferd". Er sei „immer gut gelaunt" und „der Prototyp eines klassischen deutschen Reitpferdes". Er ist dressurmäßig sehr gut geritten, reagiert auf alle Reiterhilfen und ist laut Autofan Ludger „unheimlich bedienungsfreundlich. Wenn man die Grundregeln kennt, macht der alles, was ihm befohlen wird."

Priamos, das Roß mit dem Automatikgetriebe. Im Kreuzgalopp auf dem Weg zum Sprung? Bei ihm undenkbar. Das unterscheidet ihn von den verrückten „Freaks" wie Ratina oder Classic Touch. „Die rasen aus der Ecke, rennen schon mal im Kreuzgalopp zum Sprung – und gewinnen trotzdem." Ein Priamos erlaubt sich solche optischen Schnitzer nicht. Er verstößt nicht gegen die Regeln, wirkt auch im hohen Alter von 17 Jahren noch wie ein Jungspund beim Stilspringen. Nur bei der Siegerehrung würde sich der Fuchs am liebsten verkriechen. Dann „schlägt sein Herz durch den Stiefel durch", berichtet sein Reiter. Diva Ratina hingegen liebt Siegermusik. Die sonst so „heiße" Stute stört sich nicht mal an lauter Blasmusik.

Ein Bild wie das andere: Priamos – wie in der Stilspringprüfung

Priamos hat in schwierigen Aufholjagden schon sein Talent bewiesen. 1998 lag er im Weltcupfinale nach dem ersten Tag an zwölfter Stelle und schaffte noch den Sprung auf Rang drei. Bei den Weltreiterspielen in Rom hatte er 16jährig seinen zweiten WM-Einsatz. 1994 hatte er unter Dirk Hafemeister schon zur Mannschaftsweltmeisterschaft beigetragen. Nun mußte er für Ratina einspringen, die sich in Calgary verletzt hatte und eine Zwangspause einlegen mußte.

Zweitpferd Priamos ließ seinem Reiter beim ersten Zeitspringen in Rom keine Chance. Sie landeten nach zwei Abwürfen auf einem ganz hinteren Platz. Das Paar mußte also den schlechten Auftakt wettmachen und das Feld von hinten aufrollen. Es lief

Das Roß mit dem Automatikgetriebe ...

von Tag zu Tag besser, und Ludger schaffte mit dem immer engagierter mitarbeitenden Fuchs noch den fünften Platz – womit er allerdings um Haaresbreite das Finale der besten vier Reiter verpaßte. Eins der kleinsten Probleme für Ludger. Er ist mit einem fünften Platz viel zufriedener als mit einem undankbaren vierten Rang. Diese Position hatte er 1994 in Den Haag mit Ratina errungen: „Ein ganz mieses Gefühl". Den drei vor ihm Plazierten wurde damals eine Medaille umgehängt, und der Vierte fühlte sich als großer Verlierer. Da tröstete es kaum, daß seine Ratina als bestes Pferd bei der WM geehrt worden war.

Grandiose Aufholjagd bei der Weltmeisterschaft in Rom 1998

Rechte Seite:
„... unheimlich einfach zu reiten"

Daß er in Rom nicht ins Finale gekommen war, ließ die Konkurrenz frohlocken. Der französische Teamchef Patrick Caron ließ ganz nebenbei über Beerbaum/Priamos den bemerkenswerten Satz fallen: „Bei diesem Paar springt der Reiter." Aber anstatt sich geschmeichelt zu fühlen, hört Ludger diese Art von verstecktem Lob ungern: „Die hätten gestaunt, wie leicht Priamos zu reiten ist." Immer stellt er sich vor seine Pferde.

Gemeinsam mit seinem Bruder Markus, Lars Nieberg und Franke Sloothaak schaffte „Spielertrainer" Ludger Beerbaum den Sieg in der Weltmeisterschaft-Mannschaftswertung. Und zwar so haushoch, daß Journalisten aus aller Welt wissen wollten, wie die gewaltige Dominanz der deutschen Springreiter zu erklären sei.

Franke Sloothaak, nach zwei weniger erfolgreichen Jahren schon etwas ins Mittelmaß abgerutscht und sensationell wieder in die Weltspitze vorgestoßen, erklärte es mit der Fähigkeit des Trainers Herbert Meyer, immer wieder ein schlagkräftiges Team zusammenzustellen. Ludger lobte die deutsche Pferdezucht und hob den Wert von gewissenhaftem Reiten hervor – ein Punkt, den Altmeister George Morris aus den USA gern aufnahm: Er empfahl seinen Reitern erst einmal Nachhilfestunden im Fach Korrektes Reiten.

Die Hoffnungsträger

Sieger im Hamburger Springderby und eine stolze Gewinnsumme – Champion du Lys ist schon mehr als ein Nachwuchspferd.

Champion du Lys, Neron de la Tourelle, Goldfever und Gladdys – diese Namen wird man sich merken müssen. Zwar will Ludger sich weiterhin bei großen Ereignissen auf seinen alten Hasen Priamos verlassen. Doch er weiß, auch an seinem Hochleistungssportler nagt der Zahn der Zeit.

Vorausschauend, wie er nun mal ist, hat er vorgesorgt: In Riesenbeck steht eine Handvoll sehr guter Nachwuchspferde im Stall.

Mit dem 1990 geborenen Champion du Lys wurde er 1998 Sieger im traditionsreichen Hamburger Derby und 1999 Zweiter bei der DM in Verden. Der Schimmelhengst französischer Abstammung ist nach Einschätzung seines Reiters „ein echtes Siegerpferd". Obwohl der in Frankreich gekörte und von einigen deutschen Zuchtgebieten anerkannte Hengst immer wieder auf die Deckstation nach Soltau gebracht wird, legt er überhaupt keine Macho-Allüren an den Tag. Immer mal wieder demonstriert er seine Männlichkeit zwar durch lautes „Herumschreien", aber er ist sehr ausgeglichen, „im Temperament super" und zeigt keine Launen. Ludger: „Der ist wirklich einfach zu reiten." Champion du Lys hat 1998 an die DM 200 000 gewonnen.

HOLSTEN Pilsener
präsentiert:
DEUTSCHES SPRING-DERBY 1998

PÈRE - *Sire*

4

LAEKEN

Race - *Breed* : CHEVAL DE SELLE FRANCAIS né en : 1977
Robe - *Colour* : BAI BRUN FONCE

Stud-Book : STUD BOOK DU CHEVAL DE SELLE FRANCAIS TOME : 5

Étalon : NATIONAL Pour la monte : 1989 Circonscription ou Pays : SAINT-LO

par : MEXICO — CHEVAL DE SELLE FRANCAIS
- FURIOSO (GB) ,PS
- DAME DE RANVILLE — PAR: TALISMAN

et : HERTA (BEL) — SELLE ETRANGER (FACT.SF)
- FLUGEL (BEL) ,SE
- POLETTE ,OI — X X X X X X X X X X X X

MÈRE - *Dam*

5

KARENE DU LYS

Race - *Breed* : CHEVAL DE SELLE FRANCAIS née en : 1976
Robe - *Colour* : GRIS

Stud-Book : STUD BOOK DU CHEVAL DE SELLE FRANCAIS TOME : 5

par : LARGNY — PUR SANG
- LA VARENDE ,PS
- DOGARESSE ,PS — PAR: COBALT (GB) ,PS

et : DARLING DU LYS — CHEVAL DE SELLE FRANCAIS
- UN REVE
- VAGABONDE — PAR: KHEREDDINE

90 686 938 Q

LUDGER UND DIE ZUCHT

Sein großer Traum wäre gewesen, aus der wiedergefundenen Stute Wetteifernde einige gute Fohlen zu erhalten. „Das habe ich mir aber abgeschminkt", sagt Ludger mit einiger Wehmut in der Stimme. Angesichts des hohen Alters der Fuchsstute wollte er ihr die Belastung einer späten Schwangerschaft nicht mehr zumuten. Anders dagegen verhält es sich mit Ratina. Sie ist im besten Mutterstutenalter.

Ludgers züchterischer Ehrgeiz ist geweckt. Fachleute können es ihm nicht verdenken. In Beerbaums Stall stehen sprungstarke Vererber, höchstdekorierte Stuten, die jedem passionierten Pferdemann mit Zuchterfahrung die Tränen in die Augen treiben. Ludger geht diese neue Herausforderung wie immer locker, aber zielsicher an. Wenn er auch lässig über seine ersten züchterischen Aktivitäten plaudert: Dem Zufall will er nichts überlassen, sich keineswegs eine Blöße geben.

Der Schritt vom Reiter zum Züchter war ursprünglich gar nicht geplant. Nachdem ein Landwirt aus der Nachbarschaft erkrankte, ergab sich für Ludger 1998 die Möglichkeit, drei hannoversche Stuten zu übernehmen (eine achtjährige Contender-Grannus-Tochter, eine von Matador-Godewind und eine von Grannus-Waldhorn, beide 13jährig). Den Stuten wurde hochwertiges Frischsperma der beiden erfolgreichen Hengste Champion du Lys und Goldfever verabreicht (im Bild Stutfohlen von Goldfever). Damit flog im Frühjahr 1999 der Storch gleich dreimal über den ausgelagerten Zuchtbetrieb. Zur Freude des bekennenden Großfamilienfreundes.

Aus unternehmerischen Gesichtspunkten hätte Ludger schon 1998 mit Champions Sperma viel Geld verdienen können - ein Sprung kostet schließlich DM 3 000,-. Doch sein Partner in züchterischen Belangen, Detlef Utecht van Dyk, warnte vor einer inflationären Vergabe der wertvollen Flüssigkeit. Beide wollten die Kontrolle behalten und die künftigen Mutterstuten auf dem Gestüt Öhlshof zuerst begutachten. 1998 wurden 68 Stuten von Champion gedeckt.

Natürlich wäre Ludger nicht er selbst, hätte er sich nicht vorgenommen, es „besser zu machen als die meisten". Er ist sich sicher, daß Aufzucht und Behandlung des Nachwuchses in den ersten Jahren ein künftiges Sportpferd stark prägen. „Unsere Zweijährigen werden regelmäßig gewogen, damit sie auf keinen Fall zu dick werden; sie gehen an der Führmschine, laufen ausbalanciert an der langen Longe und springen kleine Reihen frei - vielleicht sechs bis acht mal." Den Lesern seiner Kolumne im St. Georg erklärte er, daß sich Pferdeleute mit jungen Tieren in den ersten Jahren sehr viel Mühe geben sollten. Grund: Gerade die sensiblen Pferde, Pferde mit Klasse, dürften nicht durch die Mühle gedreht werden – wie es in größeren Zuchtbetrieben oft geschehe.

Neron de la Tourelle ist ebenfalls im Jahr 1990 geboren. Den braunen belgischen Wallach beschreibt sein Reiter so: „Springt spektakulär, mit kapitalem Vermögen. Hat superschnelle Reflexe, ist fürchterlich heiß. Im Sommer geht es besser, aber im Winter ist der unheimlich geladen.“ Die Turniervorbereitung für den wilden Wallach klingt denn auch entsprechend: „Den muß man vor dem Turnier schlapp machen, daß er richtig müde an den Start geht.“ Ludger reitet ihn deshalb drei, vier Tage vor Turnierbeginn sehr intensiv, läßt ihm keine lange Erholungsphase zum Auftanken neuer Kräfte.

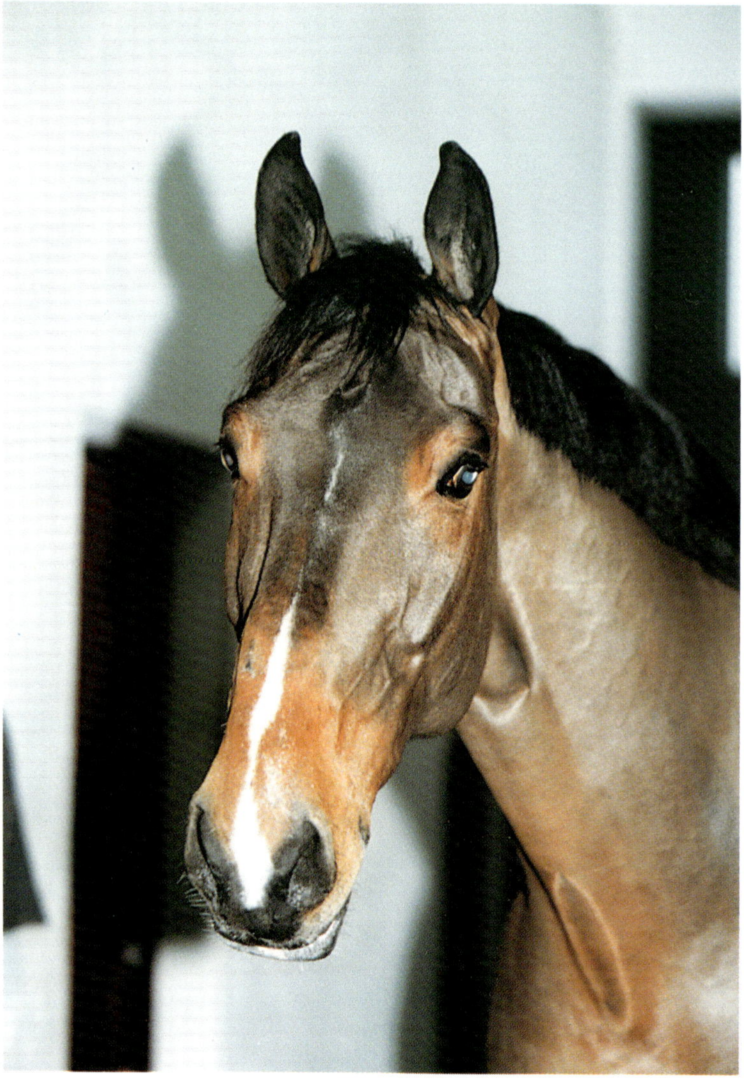

Neron de la Tourelle, in Belgien gezogener Wallach

STUD-BOOK
CHEVAL
DE SANG BELGE
C.S.B.

CERTIFICAT D'INSCRIPTION

MARQUE AU FER
CUISSE GAUCHE

NERON DE LA TOURELLE

NUMERO W-107787-VB

EST INSCRIT(E) DANS LE

LIVRE DES POULAINS (=VB)

CHEVAL DE SANG BELGE

SEXE : MALE
DATE DE NAISSANCE : 25-06-90
ROBE : BAI
SIGNES PARTICULIERS :
FX EPI EN HAUT DE L'ENCOLURE A DROITE ET A GAUCHE - DEUX EPIS HORIZONTAUX AU-DESSUS LIGNE SUPERIEUR DES YEUX - QUELQUES POILS SUR LE CHANFREIN - LADRE EN OVALE ENTRE LES NASEAUX + PETITE BALZANE ANTERIEUR AVEC TACHE EN COURONNE - BALZANE POSTERIEUR AVEC TACHE EN COURONNE----
-----------------------------------CONTROLEUR : FR.PLAMONT BRAND12099(

CERTIFICAT D'ORIGINE

PERE : DARCO W-001387-HGT C.S.B.
P.PP. LUGANO I 3963 HANN
PP. LUGANO VAN LA ROCHE W-001083-HGT C.S.B.
M.PP. ADLERFLUT H 59387 HANN
P.MP. CODEX W-001079-HGT C.S.B.
MP. OCOUCHA W-014829-ST C.S.B.
M.MP. LATOUCHA W-011389-ST C.S.B.
MERE : FARAH W-061395-VB C.S.B.
P.PM. FLUGEL VAN LA ROCHE W-001033-HGT C.S.B.
PM. BLICKFANGER W-001340-HGT C.S.B.
M.PM. MERELFANGERIN W-014067-ST C.S.B.
P.MM. CHILDEBERT W-001140-HGT C.S.B.
MM. UTOPIA W-032724-HVB C.S.B.
M.MM. QUERIDA W-024040-HST C.S.B.

CERTIFIE SINCERE ET VERITABLE
PAR LE MANDATAIRE
DU C.S.B.

J. BOLLEN
SECR.
B.W.P.-C.S.B.-B.W.P.

15-03-1991
B.W.P. - C.S.B. - B.W.P.
MINDERBROEDERSSTRAAT 8
B-3000 LEUVEN (BELGIUM)

PROPRIETAIRE 41690
LEGER GABRIEL
RUE DE ROUBAIX 78
TEMPLEUVE
7520 TOURNAI

ELEVEUR 41690
LEGER GABRIEL
RUE DE ROUBAIX 78
TEMPLEUVE
TOURNAI

HANNOVER

Goldfever

Leb.-Nr. 31 –
Deckstelle:

Aus der Bedeckung der Stute:		vom Hengst:		am:	vom Hengst:	am:
GUNDULA	H316306487	GROSSO Z	316548783	31.05.90		

Geb. am: 06.05.91
Geschlecht: Hengst
Farbe: Fuchs

Abzeichen: St.,w.Haare a.d. Nasr.,bd.Hf.unreg.h.w.,---

Fohlenbrand (linker Hinterschenkel) Hannover
Gebrannt am 14.05.91
gez. Klindworth
und Nummer 261 (linke Halss
gebrannt:
14.05.91 Klindwor
Datum Brennbeauftragt
(Stutbucheintragung siehe Rückseite)

Besitzer: Herrn-Frau 014878
HOCHMUTH,SIGURD
HOBBENSER STR. 1
3061 MEERBECK

Züchter: Herrn-Frau Besitzer

Vater: P.B. GROSSO Z 316548783 (Hann) Dunkelbraun	VV P.B. GOLIATH II Z 430097475 (Rhld) Schi	P.B. GRAF GOTTHARD Z 311308671 (Hann) Schi	GOTTHARD (Hann) 31038
			ADLERGOETTIN (Hann) H31641
		HEUREKA Z H317660360 (Holst) B	GANEFF (Holst) 21036
			NOBIDA (Holst) H21625
	VM FUECHSIN H310104573 (Hann) F	P.B. FURIOSO II 330433665 (Ang.N) Df	FURIOSO XX
			DAME DE RANV.
		LISSABON H317132867 (Hann) F	LUGANO I (Hann) 31039
			FLORETTE (Hann) H31658
Mutter: GUNDULA H316306487 (Hann) Fuchs	MV GALVANO 314402982 (Hann) Df	GRANDE 310403258 (Hann) F	GRAF (Hann) 31034
			DUELLFEST (Hann) *H31598
		St.Pr. LORELEY H317400373 (Hann) Df	LUGANO II (Hann) 31040
			DASCHA (Hann) *H31672
	MM DANA H410019776 (Westf) F	DAMHIRSCH 410163362 (Hann) F	DUFT I (Hann) 31040
			MAJORIN (Hann) H31589
		WUNSCHGABE H411934568 (Hann)	WREDE (Hann) 31040
			ALPFEDER (Hann) *H31669

2810 Verden, den 30.05.91 i.A. Stutbuchführer

*=St.Pr.
Band 39 und weitere Generatior

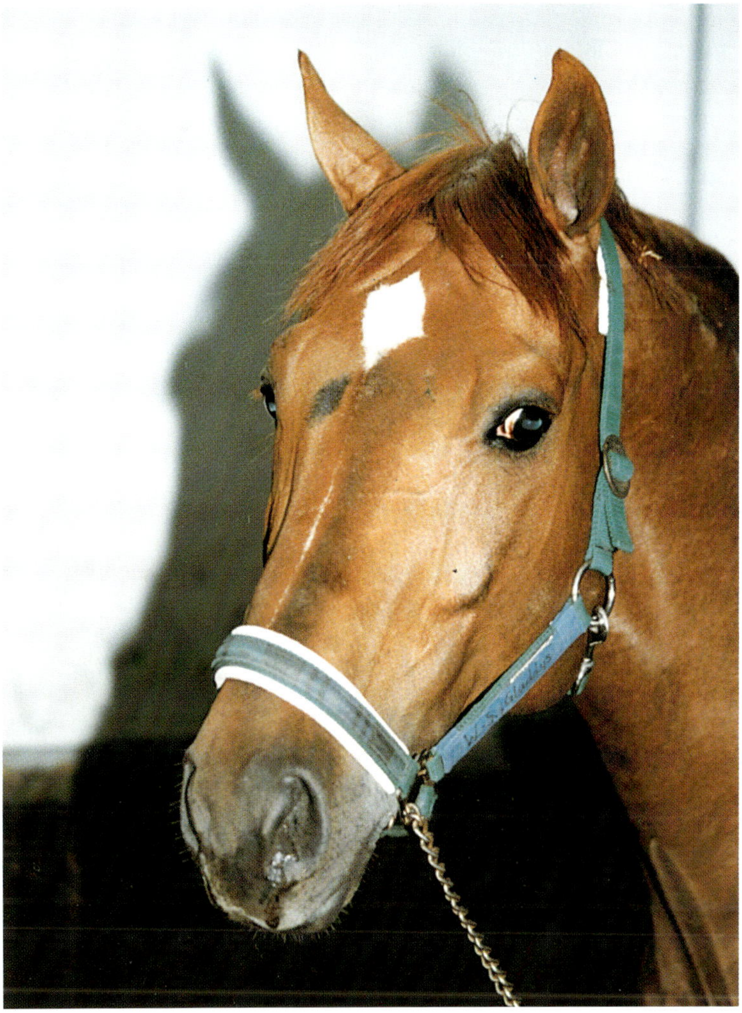

Hannoveraner Fuchshengst Goldfever

Ganz begeistert ist der Pferdemann von seinem 1991 geborenen Fuchs Goldfever. Vom Papier her müßte der Hengst ein typisch deutsches schweres Warmblut sein, doch weit gefehlt: Goldfever bewegt sich flink und leichtfüßig.

Es ist eine späte Zuneigung, denn der schicke Hannoveraner mußte über ein Jahr lang in Riesenbeck warten, bis Ludger seine Klasse erkannte. Jetzt ist der Reiter aber hingerissen von dem Fuchshengst. „Der könnte sich als Olympiapferd empfehlen." Goldfever, gekört wie Champion, ist allerdings dermaßen überzeugt von seinem Geschlecht, daß er beinahe kastriert worden wäre. „Ich dachte erst, der ist für den Sport nicht zu gebrauchen, weil er seine Konzentration für andere Dinge verwendet", sagt Ludger. Einige glückliche Umstände haben den Griff zum Skalpell verhindert – darüber ist sein Reiter jetzt froh. Um den Kraftprotz nicht allzusehr zu reizen, reitet ihn Ludger immer wieder ohne Sporen. "Das ist zwar ein komisches Gefühl, aber bisher klappt's."

Gladdys, westfälische Stute

Im Laufe der Jahre, mit den Erfahrungen, die er mit Pferden wie Ratina und Rush on gemacht hat, hat er gelernt, daß man ein Pferd nicht gegen seinen Willen reiten kann, jedenfalls nicht, wenn man Hochleistung erwartet. Heute läßt er jedem Pferd einen gewissen Freiraum und gibt ihm dadurch das Gefühl, Partner im Parcours zu sein.

In den höchsten Tönen lobt Ludger auch die 1992 geborene nervige Fuchsstute Gladdys. Er charakterisiert sie als „Mischung aus Classic Touch und Ratina". Das Pferd sei nicht ganz einfach zu reiten, aber „ein Freak". So nennt er Pferde mit unbedingtem Siegeswillen, solche, die sich nicht so sehr um korrekte Hilfengebung scheren, die wie gesagt auch mal im Kreuzgalopp ein Hindernis ansteuern – aber gewinnen. Gladdys zeichnet sich durch enormen Vorwärtsdrang aus, außerdem sei sie eine kleine Primadonna – was ihr aber verziehen wird, denn Talent rechtfertigt alles.

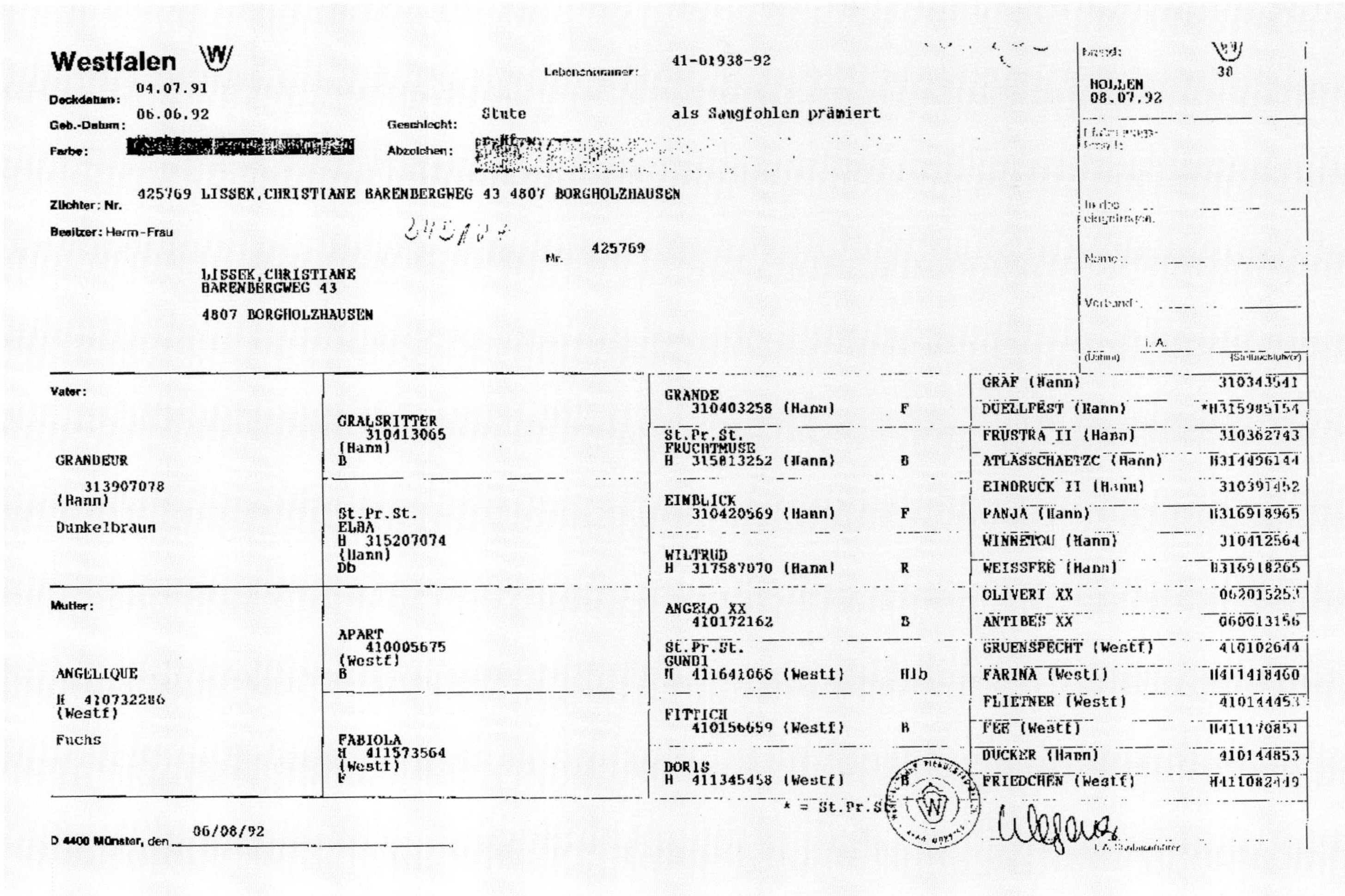

Westfalen W

Lebensnummer: 41-01938-92

Deckdatum: 04.07.91

Geb.-Datum: 06.06.92

Geschlecht: Stute als Saugfohlen prämiert

Farbe: [redacted]

Abzeichen: [illegible]

Züchter: Nr. 425769 LISSEK,CHRISTIANE BARENBERGWEG 43 4807 BORGHOLZHAUSEN

Besitzer: Herrn-Frau [illegible]

Nr. 425769

LISSEK,CHRISTIANE
BARENBERGWEG 43

4807 BORGHOLZHAUSEN

Brand: W 30

HOLLEN
08.07.92

[illegible]

In das [illegible] eingetragen.

Name:

Verband:

(Datum) i. A. (Stutbuchführer)

Eltern	Großeltern	Urgroßeltern		Ururgroßeltern	
Vater: GRANDEUR 313907078 (Hann) Dunkelbraun	GRALSRITTER 310413065 (Hann) B	GRANDE 310403258 (Hann)	F	GRAF (Hann)	310343541
				DUELLFEST (Hann)	*H315985154
		St.Pr.St. FRUCHTMUSE H 315813252 (Hann)	B	FRUSTRA II (Hann)	310362743
				ATLASSCHAETZC (Hann)	H314496144
	St.Pr.St. ELBA H 315207074 (Hann) Db	EINBLICK 310420569 (Hann)	F	EINDRUCK II (Hann)	310391452
				PANJA (Hann)	H316918965
		WILTRUD H 317587070 (Hann)	R	WINNETOU (Hann)	310412564
				WEISSFEE (Hann)	H316918265
Mutter: ANGELIQUE H 410732286 (Westf) Fuchs	APART 410005675 (Westf) B	ANGELO XX 410172162	B	OLIVERI XX	062015253
				ANTIBES XX	060013156
		St.Pr.St. GUNDI H 411641066 (Westf)	Hlb	GRUENSPECHT (Westf)	410102644
				FARINA (Westf)	H411418460
	FABIOLA H 411573564 (Westf) F	FITTICH 410156659 (Westf)	B	FLIETNER (Westf)	410144453
				FEE (Westf)	H411170851
		DORIS H 411345458 (Westf)	B	DUCKER (Hann)	410144853
				FRIEDCHEN (Westf)	H411082449

* = St.Pr.St.

D 4400 Münster, den 06/08/92

i. A. Stutbuchführer

Turniersport heute

Die Pferde

Der wortkarge John Whitaker wurde in einer Pressekonferenz einmal von einem Pferdesportjournalisten gefragt, worin sich seine beiden damaligen Supertiere Ryan's Son und Milton voneinander unterschieden. Alles lauschte gespannt, als der Brite zwischen zusammengepreßten Lippen zischelte: „The colour."

Leuten wie John, Ludger oder Franke Sloothaak ist es schlichtweg schnurzegal, welches Brandzeichen das Hinterteil ihrer Turniercracks ziert, welche Farbe oder welches Geschlecht die Tiere haben. Ein bildschönes Durchschnittspferd ist nicht schlecht, aber geliebt wird das allerhäßlichste - wenn es seinen Job im Parcours gut macht.

John Whitaker liebt es lässig.

Ludger gilt weltweit als Horseman par excellence. Er erkennt die hochbegabten Springcracks, läßt normalerweise die Finger von solchen, die ihm mit branchenüblichem Geschwätz als Supertalent offeriert werden. Er beobachtet die Bewegung, vor allem im Galopp, interessiert sich für den Typ Pferd, dessen Rittigkeit, die Technik am Sprung, Reflexe und eventuelle Erfolge.

Einer wie Ludger Beerbaum kann auch nicht einfach mal hingehen und sich nach einem Pferd erkundigen, das vielleicht sein Interesse erregt hat. Mit einem Schlag wird ein völlig normales Tier zum künftigen Weltmeister geadelt, nur weil es der leibhaftige Olympiasieger anschauen möchte. Und dann steigt der Preis oft ins Unermeßliche ...

Um der Wahrheit die Ehre zu geben: Auch ein Beerbaum, von Züchtern und anderen Fachleuten als absoluter Experte eingeschätzt, wenn es um das Erkennen der Klasse eines Springpferdes geht, hat sich schon geirrt. Gazelle ritt er gerade mal ein Jahr, und auch Rosella – immerhin zweifache Siegerin im Bundeschampionat – „war nicht halb so gut, wie ich gedacht hatte".

Das liebe Geld

SPONSOREN

Die Schranke öffnet sich, Ludger reitet ein - Mann und Pferd gut vermarktet. Der gutsitzende Sicherheitshelm mit Ralleystreifen über den braunen Locken weist auf die französische Firma G.P.S. hin, das mausgraue Jacket auf den Sponsor Audi. Die Bekleidungsfirma Pikeur macht mit der engen weißen Reithose auf sich aufmerksam, im leichten Sitz wischt das Gesäß über einen Sattel von Kieffer. Die Satteldecke zieren wiederum die vier verschlungenen Audi-Ringe, die Gamaschen tragen das Eskadron-Zeichen. Darüber hinaus trägt auch noch die Firma Hartog dazu bei, die Futterkrippen im Stall zu füllen.

Kein Spitzensportler, kein Spitzensport ohne Sponsoren

Dafür erwarten die Sponsoren - wie in anderen Sportarten auch – , daß ihre Leihgaben im Parcours getragen werden und ihr Aushängeschild für medienwirksame Auftritte zur Verfügung steht. Ludger, intelligent, wortgewandt und weltoffen, kommt überall gut an und hat seine Geschäftspartner in PR-Belangen noch nie enttäuscht.

Er gewinnt jährlich zwar etwa eine Million Mark an Preisgeldern, kann dieses Geld aber nicht für sich allein einstreichen. Zwischen 20 und 50 Prozent betragen seine Anteile: „Davon kann ich den Turnierstall unterhalten. Neue Pferde sind aber nicht drin." Potente Sponsoren sind also für den Spitzensportler unerläßlich.

Alle erwirtschafteten Gelder fließen in die 1994 übernommene B + S Sportpferde GmbH, die von Beerbaum und Ralf Schneider gegründet wurde. Über eine Million Mark Kosten fallen im Jahr an für Miete, Personal, Schmied, Tierarzt, Futter, Reisekosten, Fuhrpark – kurz alle Dinge, die im Betrieb bezahlt werden müssen.

Zwischen den enormen Ausgaben fällt in Beerbaums Betrieb eine Position auf, die im Turnieralltag selten ist: Jeder Pfleger erhält während der Turniere einen Tages-Spesensatz von 30 Mark. Die Erklärung des Chefs für das Zubrot ist simpel und doch aufschlußreich: „Die müssen viel arbeiten und sollen deshalb auch ordentlich essen."

WINTER-SCHULZES

Es war Herbert Meyer, der 1994 in die Rolle von Hermes, dem Götterboten, schlüpfte und seinen besten Reiter, Ludger Beerbaum, mit der in Reiterhinsicht schon mehrfach vergrätzten und enttäuschten Mäzenin Madeleine Winter-Schulze bekannt machte. Gemeinsam mit ihrem Mann Dieter suchte sie damals nach einem geeigneten Reiter für die beiden Wallache Gaylord und Casanova. Beide Pferde waren in der Turnierszene keine Unbekannten. Unter Hauke Luther hatte Gaylord bereits die European Classics in Zürich gewonnen. Ludger sollte es mit den beiden versuchen. Er versprach, sie zu reiten, und holte sie ins „Übergangslager" nach Warendorf.

Das reiterliche Gefühl auf Casanova war eher bescheiden, von Ludger diplomatisch mit „nicht so super" beschrieben. Er ließ die Pferde einige Wochen in Warendorf stehen und bestritt dann kleinere Springprüfungen mit ihnen.

Das ganz große Hochgefühl mochte sich auf beiden Pferden zunächst nicht einstellen. Die Frankfurter Allgemeine Zeitung erzählte vom ersten Auftritt mit Gaylord: „Doch beim ersten Turnier, das er mit Gaylord bestritt, in Nörten-Hardenberg, flog er gleich in hohem Bogen vom Pferd. Am Ausritt stand Gaylords Besitzerin und sagte: 'Ich bin sicher, das kriegst du hin.' Das hat den Springreiter, an eher rauhe Töne zwischen Oxer und Stallgasse gewöhnt, ziemlich verblüfft. Er fragte sich: 'Meint sie das ernst'?"

Offenbar ja. Denn Madeleine Winter-Schulze drängte nicht. Sie ist eine echte Pferdefrau mit Verständnis, wenn's mal nicht so klappt, und der nötigen Geduld, auf den Durchbruch zu warten.

Madeleine Winter-Schulze und ihr Mann Dieter Schulze – um diese Sponsoren wird Ludger in der Szene beneidet.

Vorbei die Zeiten, als sich Ludger auf ihm „nicht so super" fühlte: Gaylord 1995 in Gera.

EINE GROSSE FREUNDSCHAFT

Wenn das Ehepaar Madeleine Winter-Schulze und Dieter Schulze bei Matsch und Regen über den Abreiteplatz marschiert und sich nach jedem Ritt nach der Befindlichkeit von Reiter und Pferd erkundigt, vermuten Außenstehende, Ludger habe seine Lieblingstante samt Gatten zum Turnier mitgenommen. „Die Chemie stimmt" sichtbar zwischen den wichtigsten Sponsoren und der gesamten Familie Beerbaum.

Dieter und Madeleine Winter-Schulze - um diese beiden wird Ludger in der Szene beneidet: Da wird niemals „aufgerechnet", ob die Pferdekosten mit den Einnahmen aus den Springprüfungen wieder hereinkommen. Im Gegenteil erklärt Frau Winter-Schulze: „Immer, wenn es ganz gut läuft, sagen wir: Laßt uns an diesen Augenblick zurückdenken, wenn mal schlechtere Zeiten kommen."

Sie mögen nicht „Mäzene" genannt werden, weil sie nicht „so weit über dem Reiter stehen". Tatsächlich wissen die beiden in Wedemark bei Hannover lebenden passionierten Pferdefreunde, wovon sie sprechen: Dieter Schulze war bis 1990 aktiver Springreiter. Seine Frau wird, wie die FAZ 1997 berichtete „vielen Sätteln gerecht". Vor wenigen Jahren noch war sie selbst erfolgreiche aktive Dressurreiterin. Inzwischen engagiert sie sich für die Dressurreiter als Equipechefin bei großen Turnieren, ist Mitglied im Dressurausschuß des Deutschen Olympiadekomitees für Reiterei und war schon Aktivensprecherin der deutschen Reiter.

Das Ehepaar hat fast ein Dutzend Pferde für Ludger gekauft, leidet mit, jubelt mit, fordert nichts – und läßt dem Reiter völlig freie Hand in der Planung seiner Turnierstarts.

Die Zusammenarbeit ist auf Dauer angelegt, sogar über die reiterliche Karriere von Ludger hinaus. „Er weiß, wenn er mal nicht mehr reitet, dann läuft unser Engegement weiter wie bisher", betont Madeleine Winter-Schulze. Und ihr Mann fügt hinzu: „Das klingt vielleicht ein bißchen übertrieben, aber er ist wie ein großer Sohn für uns. Wir sind absolut begeistert von Ludger."

Nach der WM in Den Haag 1994 wollte ein Turnierveranstalter im ostdeutschen Mühlengeez bei Güstrow als Zugpferd unbedingt Ludger Beerbaum am Start haben. Weil er seinen Top-Pferden eine Pause gönnen wollte, nahm er Casanova und Gaylord mit – und gewann zu seiner eigenen Überraschung tatsächlich den Großen Preis mit Gaylord.

Ein Sieg mit Folgen: „Von da an nahmen die Dinge ihren Lauf." Es begann eine Zusammenarbeit, die weit über das geschäftliche Gebaren hinausgeht.

Mit Gaylord ging's bergauf. Er avancierte sogar zum Ersatzpferd bei den Olympischen Spielen 1996, wo er sich allerdings eine Sehne zerrte. Ludger denkt noch heute nur ungern daran. Er hat ein schlechtes Gewissen, weil Gaylord unter solchen Umständen aus dem Sport genommen werden mußte.

Winter-Schulzes sind inzwischen Besitzer von einem knappen Dutzend Pferden in Beerbaums Stall. Priamos, Champion du Lys, Ramina, It's me, Neron de la Tourelle, Goldfever, Gladdys und Gustav gehören den beiden Pferdenarren. Sie ermuntern ihren Lieblingsreiter ständig, weitere Talente zu suchen, die sie ihm gerne kaufen würden. Ludger weiß das zu schätzen und handelt gewissenhaft. Denn auch größtes gegenseitiges Vertrauen will im harten Turnierzirkus stets gerechtfertigt sein. Bisher hat's prima geklappt.

Gaylord als glücklicher Rentner

Grund zum Jubeln haben Madeleine und Dieter oft.

▸ Das Management

DAS TEAM

Ludger läßt seinen Mitarbeitern und Mitarbeiterinnen viel Freiraum. Er verlangt aber auch, daß sie selbständig und verantwortungsvoll arbeiten. Mit Marie und Elle hat er zwei schwedische Pflegerinnen und mit Chris einen englischen Pfleger für seinen Turnierstall. Sie kurieren kleinere Krankheiten ihrer Schutzbefohlenen selbst mit Hausmittelchen und Tees, die sie

Ludgers Beste – Marie und Goldfever

ins Futter mischen. Obwohl das ganze Unternehmen durchdacht ist bis ins kleinste, werden viele Probleme mit langjährigem Fachwissen und gesundem Menschenverstand gelöst. Wird ein Tier für zu dünn befunden, gibt es extra Futterrationen. Einfach so, aus der Hand heraus, ohne Computerprogramm und ärztliches Bulletin. Gelegentliche Blutproben zeigen dem Chef und seinen Angestellten, ob sie auf dem richtigen Weg sind, und außerdem werden die Turniercracks immer wieder gewogen, um den Augenschein zu bestätigen.

Eine Sonderstellung nimmt „Stable-Managerin" Marie Johnson ein, seit über zwölf Jahren Ludgers erste Pflegerin. Beide kannten sich schon lange, bevor Ludger nach Mühlen kam. Als er noch

„Junger Reiter“ war und bei Gerd Wiltfang in den Ferien ritt, half Marie in den Sommerferien dort ebenfalls mit. Die Schwedin studierte in ihrer Heimat an der Universität ein Fach, das mit „chemischer Laborantin“ übersetzt werden könnte. Durch ihre Ausbildung ist sie mit der Anatomie der Tiere, den Wirkstoffen bei Medikamenten und hormonellen Gegebenheiten sehr vertraut. „Marie weiß mehr als die meisten Tierärzte“, ist sich Ludger sicher.

Sie ist eine Institution unter den Pflegern. Wenn sie locker behauptet, daß es ihre Aufgabe sei, für das Wohl und die Gesundheit der Pferde zu sorgen, und Ludger „nur“ fürs Reiten zuständig sei, dann meint sie das auch so. „Ich kann die Sache besser beurteilen als er“, sagt sie. „Ich arbeite seit vielen Jahren mit Pferden zusammen, sehe die Beine und bin ja kein Idiot.“

Marie weiß, daß es „ein Glück für Ludger ist, daß ich schon so lange bei ihm bin“. Aus diesem Grund darf sie bei Themen mitreden, die andernorts der Chef allein bestimmt. Beispiel: „Wir besprechen zusammen, welche Pferde mit zum Turnier gehen.“

Vor einigen Jahren wollte eine Pflegerin Rush on frühmorgens aus der Box nehmen. Marie warnte: „Der braucht seinen Schlaf, sonst kriegt er eine Kolik.“ Was prompt geschah, als die jüngere Kollegin den Rat der älteren nicht annehmen wollte. „Wer über 300 Tage im Jahr ständig mit den Tieren zusammen ist, kann einige Sachen voraussagen“, erklärt sie ihren Blick für sich anbahnende Krankheiten.

TOP JOB: STABLE-MANAGERIN

Marie Johnson hat Ludgers Pferde schon in Mühlen und in Buchloe gepflegt. Selbstbewußt schildert sie ihren Aufgabenbereich:

„Der Tagesablauf hängt davon ab, ob Ludger zu Hause ist oder nicht. Einen strengen Tagesplan mit festgeschriebenen Abläufen gibt es bei uns nicht. Wir entscheiden oft spontan. Es kann vorkommen, daß die Tiere nach einem anstrengenden Turnierwochenende Ruhe brauchen. Dann gehen wir natürlich darauf ein.

Hat Ludger Zeit zum Reiten, gibt er Bescheid, wen er gesattelt haben möchte. Sagt er nichts, fangen wir allein an. Es ist nicht so, daß Ludger alles befiehlt. Er vertraut auf unser Fachwissen. Es gibt nicht viele Ställe, in denen Pfleger eine so große Freiheit haben. Im Gegensatz zu anderen Kollegen haben wir auch feste freie Täge und relativ viel Freizeit.“

Ludger kommt – im Gegensatz zu vielen seiner Kollegen – mit einer so selbstbewußten Mitarbeiterin sehr gut zurecht. Wahrscheinlich deshalb, weil sich hier zwei Perfektionisten ergänzen. Marie wird auch von den Tierärzten zu Rate gezogen, wenn es um die Organisation eines Fluges nach Übersee geht, und Bundestrainer Herbert Meyer spricht mit ihr ab, welches Pferd Ludger bei größeren Turnieren in den wichtigen Springen reitet. Und: „Marie läßt sich nicht stoppen. An keiner Grenze, von keinem Polizisten", sagt Ludger, und der Unterton von Stolz in seiner Stimme ist nicht zu überhören.

Verwöhnte Diva: Ratina Z

Marie verkörpert aber auch so etwas wie ausgleichende Gerechtigkeit im Stall. Pferde, mit denen sich Ludger in die Wolle kriegt, werden von ihr mit speziellen Zuwendungen bedacht. „Marie ergreift für alle Partei, von denen ich die Nase voll habe", gibt er zu – und läßt sie gewähren. Denn selbst er hat schon zu spüren bekommen, daß mit der „fachkundigsten Pflegerin, die es derzeit auf der Welt gibt" (Beerbaum), nicht immer gut Kirschen essen ist.

Nur Ratina gegenüber ist die zierliche Blondine sanft wie ein Kätzchen. Ludger hält die Stute schlichtweg für „verzogen". Doch er ist sich sicher, daß sie die speziellen Streicheleinheiten von Marie mit großen Erfolgen rechtfertigt. Die „Seele baumeln lassen" dürfen alle Pferde ab und zu. Ratina braucht die Zuwendung von Marie, Neron will auf der Weide toben, Priamos liebt es spazierenzugehen – allen wird das Zuckerbrot gewährt, denn sie werden auch hart rangenommen.

Ludger Beerbaum weiß, daß sich Erfolg nur einstellen kann, wenn jedes Rädchen im Getriebe wie geschmiert läuft: Aus diesem Grund leistet er sich als einer von ganz wenigen Profis im internationalen Zirkus eine Sekretärin, die sein Büro managt. Marlene Egbert-Garnjost erledigt seinen gesamten Schriftverkehr, sie bespricht sich mit Turnierveranstaltern, bucht sämtliche Flüge. Nur seinen Terminkalender verwaltet Ludger selbst.

Ganz wichtig ist auch Heinrich Beiermann im Beerbaum-Team. Der 60 Jahre alte Westfale hat als „Mädchen für alles" den vielseitigsten Job und sorgt dafür, daß das Anwesen stets in hellem Glanz erstrahlt.

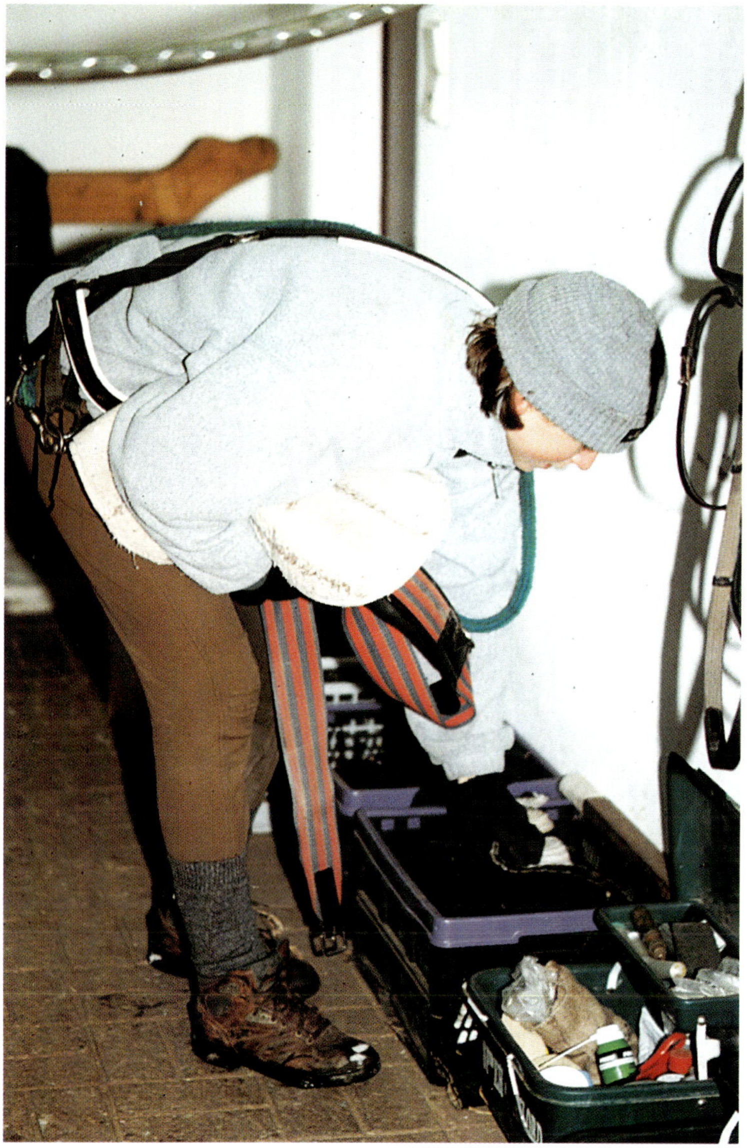

Viele Rädchen müssen perfekt ineinandergreifen, damit „der Laden läuft".

Ralf Schneider hat zwei Pfleger zur Verfügung, für den gemeinsamen Bereiter der GmbH, Dirk Ahlmann, gibt es einen Pfleger.

Jeden Montag kommt Tierarzt Dr. Rüdiger Brems extra aus München angereist, um sich der teuren Pferdebeine anzunehmen. Und natürlich ist auch der Hufschmied Heinz Breddemann, der alle zwei Wochen auf den Hof kommt, ein Sportpferde-Experte.

GUTE BASISARBEIT

Heinz Breddemann aus Hattingen ist seit 1974 Hufschmied. Er kommt alle zwei Wochen auf Beerbaums Hof nach Riesenbeck und kümmert sich um die Pediküre der teuren Vierbeiner.
„Grundsätzlich beschlagen wir die Pferde alle sechs Wochen. Wir stimmen uns ab: Wenn große Turniere anliegen, beschlagen wir kurz vor den Veranstaltungen nicht mehr.“
Heinz Breddemann charakterisiert seine Tätigkeit als „gute Basisarbeit“. Er weiß, daß gute Hufschmiedearbeit „den Verschleißprozeß hinauszögert“. Viele Reiter würden allerdings die Bedeutung des Beschlages unterschätzen und an der Hufpflege sparen.
Durch die langjährige Zusammenarbeit mit den Tierärzten Dr. Peter Cronau und Dr. Rüdiger Brems habe er gelernt, Röntgenbilder zu lesen. Das helfe enorm bei der optimalen Betreuung seiner Kundschaft.

Während der Saison gymnastizieren Bereiter, Pfleger und der Chef die Pferde. Im Winter sorgt Manni Kötter für den dressurmäßigen Schliff. Alles läuft wie am Schnürchen im Unternehmen Beerbaum. Außerdem ist der Springstall in Riesenbeck ein Treffpunkt für die besten Nachwuchsreiter: Marcus Ehning, Eva-Maria Bitter oder Florian Meyer zu Hartum trainieren hier, teilweise unter Ludgers Aufsicht. Auch junge Pferde, mit denen Kollegen nicht so ganz klarkommen, werden ins Trainingslager nach Riesenbeck geschickt.

Sohn Alexander findet Pressekonferenzen noch nicht sehr spannend.

Von den – seltenen – Trainingseinheiten mit Ludger profitiert auch Stieftochter Vivien, die in ihrer Reitweise der Mama ähnelt. Barbara Beerbaum geb. Pohlmann gehörte während ihrer aktiven Zeit zu den besten Amazonen Deutschlands und fiel durch ihren schönen Springstil auf.

Allmählich findet auch der kleine Sohn Alexander den richtigen Draht zum Pferd. Mit seinem Pony flitzt er schon über die Hinernisse.

Florian Meyer zu Hartum, Student der Wirtschaftsmathematik, ist einer der talentiertesten jungen Springreiter in der Bundesrepublik. Ludger hebt vor allem sein Talent hervor, sich optimal auf junge Pferde einstellen zu können. Der Beweis: Mit dem Wallach Fibonacci (von Frühlingsball – Bolero – Schwangau) gewann er das Bundeschampionat der Sechsjährigen 1998.
Florian über sein Training mit Ludger: „Ludger nimmt sich immer viel Zeit. Zuerst sagt er gar nichts, sondern schaut sich in Ruhe an, wie der Reiter mit seinem Pferd arbeitet. Ich löse meine Pferde im Trab und Galopp, reite leichtere Dressurlektionen und Galoppwechsel und beginne dann, über am Boden liegende Stangen zu reiten. Dann springe ich einen Steilsprung, vor dem eine Stange als Absprunghilfe liegt. Danach werden Kombinationen und Distanzen gesprungen. Nachdem er sich ein Bild von Reiter und Pferd gemacht hat, versucht Ludger klarzustellen, was er an meiner Stelle ändern würde. Die Manier des Pferdes würde er niemals umbiegen wollen. Ihm ist ein Pferd, das ohne Rücken springt und keinen Fehler macht, lieber als eines, das einen schönen Stil zeigt – aber jede Stange umhaut.
Ludger vermittelt jedem Reiter, wie er speziell sein Pferd am besten unterstützen kann.
Durch seine riesengroße Erfahrung kann er genau abgestimmte Tips für jedes Pferd geben. Habe ich ein triebiges Tier dabei, dann muß ich natürlich anders zur Sache gehen als bei einem nervigen. Den einen reite ich schon von Anfang an sehr konsequent und bestimmt – darauf achtet Ludger besonders –, den Nervigen versuche ich, durch ruhiges Reiten beinahe „einschlafen" zu lassen. Auch das kann Ludger sehr gut vermitteln.
Den Triebigeren reite ich mehrmals über Parcoursabschnitte und ein-, zweimal über einen ganzen Parcours. Bei einem nervigen Typ springe ich den ganzen Parcours höchstens einmal, damit er mir nicht noch heißer wird.
Ludger ist kein Hexer, sein Training unterscheidet sich nicht wesentlich von den Lehrgängen bei anderen Profis. Was ihn aber auszeichnet, ist seine schnelle Beurteilung, wo die Probleme liegen. Er gibt die passenden Tips für das Management eines Pferdes vor den Turniereinsätzen, kann sagen, welches Pferd ich drei Wochen in Ruhe lassen soll, um es dann eine Woche vor dem Turnier frisch zu haben; welches ich konsequent fordern soll.
Ludger kann die Leistungsgrenze eines Pferdes sehr gut einschätzen. Er sagt, was möglich ist – und was nicht. Damit beugt er gleich eventuellen Überforderungen vor. Auch wenn es mal nicht so gut klappt: Selbst draufgesetzt hat er sich auf meine Pferde bisher nicht. Ludger ist wohl der Ansicht, das muß jeder Reiter allein in den Griff kriegen."

TAGESABLAUF VON RATINA, NERON DE LA TOURELLE UND CHAMPION DU LYS

Ludger Beerbaum will den Eigenarten und Veranlagungen seiner Pferde optimal gerecht werden. Aus diesem Grund unterscheiden sich auch die Tagesabläufe von Ratina, Neron de la Tourelle oder Champion du Lys wesentlich. Während der Turniersaison sieht ein Tag in Riesenbeck so aus:

RATINA

(während ihrer aktiven Tunierlaufbahn)

- 6.30 Uhr – Ratina erhält die normale Futterration, den Getreidemix von Hartog.
- Wenn alle Pferde gefüttert sind, wird die Box ausgemistet; danach bekommt sie eine Handvoll Stroh zum Fressen und Luzerne.
- Während der Frühstückspause der Pfleger haben auch die Pferde eine Stunde Ruhe.
- Marie reitet normalerweise Ratina als erste. Bei gutem Wetter geht es eine halbe Stunde ins Gelände, im Galopp auf die Rennbahn oder zur ganz normalen Dressurarbeit auf den Platz. Bei schlechtem Wetter wird Ratina in der Halle gearbeitet – Schritt, Trab, Galopp.
- Nach der ersten Bewegungsphase kommt Ratina in den Stall.
- Mittags bekommt sie Kraftfutter und Karotten in den Trog.
- Bis um 14 Uhr ist Mittagspause im Stall.
- Gegen 14 oder 15 Uhr wird sie wieder geritten, normalerweise von Marie, manchmal auch von Ludger. Die Reitweise unterscheidet sich nicht wesentlich vom Morgentraining.
- Wenn das Wetter es erlaubt, kommt Ratina für ein bis zwei Stunden täglich auf die Weide.
- Gegen 16 Uhr bekommt Ratina eine Ration Heu.
- Gegen 17 Uhr wird Luzerne gefüttert.
- Gegen 18 Uhr gibt's Kraftfutter und Kleie.

„Nur glückliche und zufriedene Pferde können gewinnen.“

Marie

Marie: „Für Pferde wie Ratina nehme ich mir Zeit, das hat sie verdient. Ratina geht lieber im Gelände Schritt als aufs Laufband oder in die Führmaschine. Nur glückliche und zufriedene Pferde können gewinnen.“

TYPISCHE ARBEITSHALTUNG FÜR EIN SPRINGPFERD?

„Gute Frage", meint Ludger Beerbaum bedächtig. „Ratina geht etwas hinter dem Zügel, tritt aber dennoch schön nach oben 'raus. Bei Ratina speziell könnte ich Ja dazu sagen: Ja, dies ist ihre typische Arbeitshaltung. Sie mag dieses Mittelmaß, dieses normal ausbalancierte Laufen, nicht so gern. Es wäre sehr schwer und nur für einen kleinen Moment machbar, sie anders zu reiten. In dieser Haltung fühlt sie sich ganz wohl. Sie trainiert alle Muskeln und Bänder, die sie zum Springen einfach braucht. Der Rücken soll rund sein – er ist es. Insofern kann ich gut damit leben."

CHAMPION DU LYS

- 6.30 Uhr Fütterung. Der Deckhengst braucht morgens viel Kraftfutter (3 kg).
- Nach dem Ausmisten und der Frühstückspause für Pferde und Pfleger wird Champion meist von der Schwedin Elle oder von Ludger geritten.
- Mittags bekommt der Hengst wieder 3 kg Kraftfutter.
- Nach der Mittagspause kommt der Schimmel oft in den eigens für ihn angefertigten, zwei Meter hoch eingezäunten Paddock oder geht in der Führmaschine.
- Gegen 16 Uhr gibt es Heu.
- Gegen 17 Uhr gibt es Luzerne.
- Gegen 18 Uhr gibt es Kraftfutter und Kleie.

Marie: „Champion ist zwar auf dem Abreiteplatz und vor den Parcours wild und kernig, nach einigen Probesprüngen hat er dadurch aber sehr viel Kraft verbraucht, so daß er gegen Ende des Parcours oft müde wird. Darum ist bei ihm eine gute Kondition notwendig. Aus diesem Grund geben wir ihm viel Kraftfutter. Wir haben Champion jetzt seit zwei Jahren. In dieser Zeit hat er seine Kondition stetig verbessert. Ratina dagegen verbraucht wenig Kraft. Sie bemüht sich im Parcours und gibt dort alles – außerhalb schwitzt sie aber nie, sondern ist unheimlich cool."

Derbysieger mit acht Jahren – Champion du Lys

NERON DE LA TOURELLE

Im Frühjahr 1999 hat Ludger den Arbeitsplan des wilden und kräftigen belgischen Wallachs umgestellt:

- 6.30 Uhr: Neron hat so viel Kraft, daß er nicht viel zusätzliche Energie braucht. Er bekommt wenig Kraftfutter in die Krippe, dazu etwas Gerste.
- Nach der Frühstückspause kommt Neron eine Stunde lang im Schritt in die überdachte Führmaschine.
- Wenn es das Wetter erlaubt, darf er mit seiner Freundin, der alten Dame Wetteifernde, auf die Weide, sonst kommt er in die Box.
- Mittags bekommt Neron Getreidemix und Karotten.
- Am Nachmittag wird er entweder longiert, eine Stunde lang im Schritt ins Gelände geritten oder kommt auf die Weide.
- Gegen 16 Uhr gibt es Heu.
- Gegen 17 Uhr gibt es Luzerne.
- Gegen 18 Uhr gibt es Getreidemix und Kleie.

Wichtigste Arbeit nach dem Putzen: Fia prüft, ob die Sehnen klar sind.

Marie: „Wir haben damit aufgehört, ihn zuviel zu reiten. Er regt sich nur auf und kriegt richtige Energieschübe. Einen Tag vor den Turnieren reitet ihn Ludger, springt auch mal einige Hindernisse. Wenn er viele Turniere bestreitet, springt ihn Ludger zu Hause praktisch gar nicht. Alle zwei bis drei Wochen werden einige Sprünge gemacht – damit er nicht einrostet. Neron bekommt Heu und Luzerne. Kraftfutter haben wir sehr reduziert."

In Riesenbeck werden die Pferde am Nachmittag geputzt, einschließlich Hufeauskratzen und -einfetten. Marie: „Ein bis zwei Stunden nach dem letzten Reiten am Tag sehen wir eventuelle Verletzungen am besten."

Vor dem Reiten wird nur rasch drübergewischt. Da die Pferde meist eingedeckt sind, werden sie nicht sehr schmutzig.

DER PROFI

Über 40 Wochenenden im Jahr dreht der Papa im Turnierzirkus seine Runden. Da verwundert es nicht, wenn es dem Liebhaber italie-

So glücklich vereint ist die Familie leider nur selten.

nischer Küche zu Hause am besten gefällt. Ludger gehört zu den Profis, die über den eigenen Tellerrand hinauschauen. Er interessiert sich für andere Sportarten, ist politisch stets auf dem laufenden, liest neben den Reitfachzeitschriften auch mal ein Buch, allerdings keine Pferdeflüsterer-Romane oder -Biografien, sondern eher die Biografie des Daimler/Chrysler-Chefs Jürgen E. Schrempp oder von Nelson Mandela.

Während der Woche bleibt ihm nicht die Zeit, täglich zu trainieren: Sponsoren fordern ihren Tribut, Presse und Medien verlangen nach Informationen, immer wieder mal laden die Verbandsoberen zu Sitzungen ein. Daneben muß er sich ständig um neue Pferde für seinen Stall kümmern.

Als Repräsentant der eigenen Sache entscheidet er gern selbst, wie er seinen Job macht. Veranstalter und Sponsoren stößt er auch hin und wieder vor den Kopf, wenn ihm exotische Wünsche widerstreben. „Ich will zeigen, was ich mit meinen Pferden machen kann. Den Kasper spiele ich nicht so gerne. Das ist nicht mein Job, da muß man einen Entertainer engagieren. Show muß eine Zutat bleiben, sie darf nicht die Hauptsache werden."

Ludger fühlt sich wohl in seiner Rolle als Reitlehrer.

REITSTUNDE BEIM OLYMPIASIEGER

So knapp bemessen, wie die Zeit des Profis auch ist – dank Sponsoreninitiative kommen junge Springreiter doch immer mal wieder in den Genuß einer Reitstunde mit dem Olympiasieger. In Baden-Württemberg zum Beispiel besuchte Ludger Schülerinnen und Schüler, die bereits Erfahrungen in A- und L-Springen gesammelt haben.

Bevor es ans Springen geht, fordert er die Gruppe auf, die von ihren Reitlehrern gelernten Grundkenntnisse nicht zu vergessen. Dann werden die Pferde gelöst, im Trab, dann im Galopp. Bevor auch nur eine am Boden liegende Stange überwunden wird, prüft Ludger die Rittigkeit der Pferde und den Leistungsstand seiner Schüler. Dann geht's los: im Trab über eine Stangen-Reihe. Später läßt er einen kleinen Steilsprung aufbauen, legt eine Stange als Absprunghilfe davor.

Die Anweisungen kommen freundlich, aber bestimmt: „Den Kopf hochnehmen, den Oberkörper ruhig halten. Springen tut nur das Pferd!" Ludger Beerbaum verkörpert auch als Trainer die Erfolgsmischung aus Ehrgeiz und Lässigkeit. Er erklärt nicht in klugem Fachchinesisch, und wenn er von „Gas" und „Bremse" spricht, die Reiterei mit dem Autofahren vergleicht, mag es manch' gestandenen Reitlehrer grausen. Die Schüler aber verstehen, worauf es ihrem Lehrer ankommt.

Ludger korrigiert mit pädagogischem Geschick, spart nicht mit Lob: „Das ist doch ein schönes Gefühl, wenn man Herr der Lage ist, oder?" Immer wieder fordert er seine Reiter auf, dasselbe bei ihrem Partner zu tun: „Klopf dein Pferd!" – „Gib ihm Streicheleinheiten, wenn es angebracht ist."

Zu oft mag er sich aber nicht wiederholen. Wenn er viermal

Wenn's sein muß, schleppt Ludger auch selber Stangen.

einen Ratschlag gegeben hat und noch immer keine Reaktion sieht, kann er kaum ruhig bleiben, geht energisch in die Knie und zeigt mit einer Bewegung des Oberkörpers, wie er sich den Einsatz seines Schülers vorstellt. Dann wird er schon mal lauter und kennt keinen Pardon – bis es mit der Umsetzung seiner Korrekturen klappt. Wie von Zauberhand gelenkt läuft das Pferd nach solch einer gemeinsamen Anstrengung dann immer besser. Ein unbeschreibliches Gefühl für seine Schüler, die spüren, daß er „einfach mehr sieht als ein normaler Reitlehrer". Allerdings bemühen sie sich auch mehr als in einer „normalen" Reitstunde ...

Wichtig ist dem Profi vor allem, daß Training und Turniervorbereitung in ruhiger, gelassener Atmosphäre stattfinden. Er weiß aus eigener Erfahrung: Mit Hektik und Gewalt geht gar nichts. Er weiß aber auch, wie sich die jungen Wilden fühlen, die am liebsten einen Parcours zwanzig Mal springen würden. „Keinen falschen Ehrgeiz zeigen, nicht zu früh über zu hohe Hindernisse springen wollen", mahnt er die allzu Ambitionierten. Viel mehr Wert legt er darauf, daß die Grundlagen stimmen. „Erzieht euch und eure Pferde dazu, korrekt und sauber zu gehen."

Wenn es der Perfektionist für notwendig erachtet, läßt er schon mal den einen oder anderen vortraben und gibt Anschauungsunterricht im richtigen Verschnallen einer Trense oder des Martingals. Grundsätzliches erklärt er gern am lebenden Objekt: „Dieses Pferd neigt dazu, ein bißchen heftig zu werden. Die Reiterin macht das gut, sie nimmt das Tempo 'raus." – Jeder hat's kapiert, das Mädchen im Sattel freut sich über das große Lob. Einen einigermaßen guten Sprung kommentiert er mit: „Das war im grünen Bereich" – und läßt den Reiter die gleiche Übung noch mal absolvieren. Wenn's sein muß, noch fünf Mal, bis er zum Schluß befindet: „Jawoll, so stell' ich mir das vor, sehr gut!" – Höchstes Lob aus berufenem Mund. Manchmal sagt er aber auch, was erwartungsfroh zuschauende Eltern, die gerade viel Geld in das neue Pferd für den Nachwuchs investiert haben, nicht so gern hören wollen: „Möglicherweise mußt du die Zäumung wechseln – oder das Pferd."

Vor einigen Jahren suchte der ungeheuer ambitionierte Vater eines Ponykindes den Rat des Fachmannes Ludger. Sein Problem: Er habe jetzt schon fünfzig Gebisse für das teure neue Pony seines Sohnes ausprobiert, doch so richtig klappen würde es mit der Kontrolle noch immer nicht. Ludger, so höflich wie gerade noch möglich: „Versuchen Sie es doch erst mal mit einer normalen Wassertrense - und Reitunterricht." Sein Motto: Erst muß die Pflicht stimmen, dann kann mit der Kür begonnen werden.

DAS TRAINING ZU HAUSE

Ludger Beerbaum hat unzählige Pferde geritten, hat dabei über 30 Autos gewonnen und viele hundert Pferdedecken mit nach Hause gebracht. Sättel besitzt er – vier Stück. Völlig uneitel erklärt der Profireiter, warum: „Ich kann mit meinem Hintern immer nur auf einem sitzen."

Jedes Pferd im Stall hat genau eine Trense. Ratina besitzt zwei, eine Turnier- und eine normale Arbeitstrense. „Aber wir haben sehr viele Gebisse", gibt der Tüftler in Sachen Pferdeausstattung gern zu.

Bei Beerbaums ist das Equipement in Gebrauch, Luxusteile sucht der Besucher in der Sattelkammer vergebens. Dagegen kann er den Chef beobachten, wie er auch mal mit Klebeband an Kehlriemen und Kinnkette hantiert, um den nervigen Neron zum ruhigen Kauen auf der Trense zu bringen.

Lösen

Jeder Sportler – ob Mensch oder Tier – muß seine Sehnen und Muskeln durch gymnastische Übungen anwärmen, um große Anforderungen meistern zu können. Die folgenden Übungen dienen dazu, das Pferd zu lösen, es auf kleinere Sprünge, Reihen und Kombinationen vorzubereiten. Auch Pferde, die bereits ausgebildet sind und schon über Turniererfahrung verfügen, werden mit gymnastischen Übungen fürs Springen gelöst.

Larius geht schön im Gleichgewicht, mit leichter Anlehnung.

Florian im leichten Sitz. Das Pferd galoppiert schön durchs Genick und trotzdem frei genug – für meine Begriffe eine perfekte Aufnahme.

Auch hier wird mit leichten Übungen begonnen, die sich später je nach dem Ausbildungsstand des Pferdes erhöhen.

Wir verfolgen das Training von Ralf Schneider und Florian Meyer zu Hartum, der gelegentlich auf der Anlage in Riesenbeck

Checker ist mir hier etwas zu tief, bei einem Springpferd vielleicht gerade noch akzeptabel.

So gefällt er mir viel besser. Er könnte allerdings immer noch eine Idee länger im Hals sein.

trainiert. Er reitet den bildschönen braunen Hengst Larius (von Landgraf, Mutter von Tuswin, geb. 1991). Er hat mit Florian schon S-Springen gewonnen. Ralf Schneider reitet den Schimmelwallach Checker. Bildkommentare von Ludger Beerbaum.

Bügel

Bevor es mit dem Reiten über die Stangen losgeht, verschnallen sich Florian und Ralf die Bügel.

Bei der dressurmäßigen Arbeit sind sie zwei bis drei Loch länger. Ludger selbst entscheidet hier wieder ganz nach Gefühl: „Das Bügelmaß ist von Pferd zu Pferd verschieden. Bei Ratina habe ich die Bügel kürzer als bei Priamos. Es kommt auf die Größe von Reiter und Pferd, aber auch auf die Art des Pferdes zu springen an." Entscheidend sei, ob das Pferd einen eher „mitnimmt" oder ob man das Pferd nach vorne treiben muß.

Ausgangspunkt der ganzen Überlegungen zur Bügellänge ist für die Springreiter das Streben nach der bestmöglichen Balance. Jeder Reiter muß für sich sebst das richtige Bügelmaß finden. Zu lange Bügel erschweren das Ausbalancieren und verleiten dazu, schwer im Sattel einzusitzen, was das Pferd stören könnte. Zu kurze Bügel dagegen verhindern den richtigen Knieschluß, der Reiter sitzt zu hoch.

Schlaufzügel

Auf jedem Abreiteplatz sind sie im Einsatz, in mancher Siegerehrung den Zuschauern ein Dorn im Auge, dennoch haben sie gerade beim Lösen der Pferde ihren Platz – die Schlaufzügel. Solche Hilfszügel gehören allerdings nur in die Hand von erfahrenen Reitern, denn der Gebrauch von Schlaufzügeln ist technisch anspruchsvoll. Ein Schlaufzügel kann im Zweifel mehr Schaden anrichten als nützen.

Am Beispiel von Dirk Ahlmann, der auf einem achtjährigen Capitol-Schimmel sitzt, erklärt Ludger die Funktion: "Dieses sehr große Pferd hat dressurmäßig noch nicht die allerletzte Durchlässigkeit. Der Schimmel wird mit Schlaufzügel geritten, um einfach die dressurmäßige Arbeit für Pferd und Reiter zu erleichtern. Es geht nicht darum, dem Pferd den Kopf auf die Brust zu ziehen oder es zu knebeln, sondern wirklich nur darum, mit dem Schlaufzügel leichter eine gewisse Richtung für die Vorwärts-/Abwärtshaltung zu geben."

Ludger und seine Reiter springen auch kleinere Hindernisse mit Schlaufzügeln. Dazu steht er auch: „Solange ich reite, werde ich das praktizieren. In England regt sich darüber kein Mensch auf."

Es gibt verschiedene Verschnallmöglichkeiten für den Schlaufzügel:

- von der Reiterhand durchs Gebiß zum Sattelgurt oder
- über den Kehlriemen der Trense.

Ludger empfiehlt letzteres, auch fürs Springen mit Schlaufzügel. „Das hat den Effekt, daß der Reiter mehr Zug aufs Genick bekommt als am Pferdemaul." Der Druck kommt über den Kehlriemen aufs Genick und wirkt nicht so scharf aufs Pferdemaul. „Das Pferd bekommt keine Angst im Maul", wie Ludger aus Erfahrung weiß. Das Pferd sensibel im Maul zu halten und nicht zu stören ist ihm überhaupt sehr wichtig. Deshalb reitet er auch gern mit Hackamore, was sich allerdings auch nur ein Reiter mit seinem Sitz und seiner Hand leisten kann. Falsch „bedient" ist die Hebelwirkung des Hackamore aufs Nasenbein für das Pferd noch fataler als ein Ruck im Maul.

Wenn öfter mit Schlaufzügeln geritten wird, kann das Pferd schnell zu tief kommen, „auf dem Kopf laufen". Um dies zu vermeiden, befestigen Ludger und seine Reiter den Schlaufzügel seitlich am Sattelgurt statt unter dem Bauch. Der Effekt besteht darin, daß das Pferd zwar wieder leichter durchs Genick geritten werden kann, der Kopf aber weniger nach unten gezogen wird.

Wird der Schlaufzügel durch den Kehlriemen geführt, wirkt der Druck mehr aufs Genick als aufs Pferdemaul – das Pferd bekommt keine Angst vor der Hand und bleibt sensibel im Maul.

Die Anlehnung ist gut, aber der Hengst könnte den Hals mehr fallen lassen, damit sich der Rücken mehr aufwölbt.

Hier ist die Haltung etwas besser. Er geht weiterhin schön durchs Genick, der Hals ist eine Idee länger, dadurch ist das Pferd tiefer eingestellt.

Über der zweiten Stange kommt der Rücken hoch, und das Hinterbein schwingt gut durch.

Im Galopp über die Stangen ist Larius deutlich nach links gestellt und geht gut durchs Genick.

Er nimmt die Paraden an und springt mit den Hinterbeinen schön durch.

Den Hals könnte er noch etwas mehr fallen lassen, aber das sah schon sehr schön durchlässig aus.

Stangen/Reihen

Die Arbeit über am Boden liegende Stangen findet im Trab oder Galopp statt. Florian versucht, die Linksstellung über den Stangen zu halten, der äußere Zügel bleibt in Anlehnung. Larius soll im Rücken schwingen.

Grundsätzlich gilt, daß sich der Reiter auf die individuelle Tritt- und Sprungweite seines Pferdes einstellen muß. Je nach Pferd und Übersetzung muß man daher variieren. Bei Pferden mit großer Übersetzung müssen die Stange, weiter auseinander liegen, bei einer kleineren Übersetzung enger.

Die Pferde müssen Vertrauen zu dieser Übung gewinnen. Sie dürfen nicht zuviel Respekt davor haben. Für Ludger Beerbaum ist dies „eine schöne Durchlässigkeitsübung, die beliebig erweitert und damit auch erschwert werden kann."

Man kann zum Beispiel die Stangen höher legen oder auch die Abstände zwischen den Stangen variieren. Sowohl im Trab als auch im Galopp ist es wichtig, daß der Reiter eine weiche, konstante Anlehnung behält. Er muß mit den Händen so mitgehen, daß einerseits die konstante Verbindung zum Pferdemaul aufrechterhalten bleibt, andererseits aber gewährleistet ist, daß das Pferd den Hals dehnen und sich dadurch ausbalancieren kann.

Weder im Trab noch im Galopp darf das Pferd wegstürmen.

Links oben:
Bei der ersten Stange überspringt der Schimmel sich vor lauter Eifer noch etwas.

Links unten:
Er geht schön rund und läßt den Hals fallen, wie ich es gern sehe.

Oben:
Ralf sitzt im entlastenden Sitz im Pferd – für meinen Geschmack alles sehr schön.

Der Absprung vom Wall mit nachfolgender Planke – die Klippe im Derby-Parcours. Seinen Erfolg 1998 mit dem relativ unerfahrenen Champion du Lys führt Ludger u.a. auf das kontinuierliche Training über kleine Reihen zurück.

Es muß an den Hilfen des Reiters stehend an die Stangen herangaloppieren. Ludgers Vorgabe an Florian und Ralf lautet: „Der Reiter soll das Pferd vor sich hin in die Hand treiben. Im Maul soll es durchlässig sein, die Paraden sollen durchkommen. Der Schwung soll durch den Körper gehen.“

Die Anforderungen, die er an seine erfahrenen Pferde stellt, gelten natürlich nicht für den Nachwuchs. Ludger: „Ein „grünes Pferd“ hat hier eher Probleme. Hier sollte das Bemühen im Vordergrund stehen, das Pferd gleichmäßig „anzulehnen“. Nach und nach sollte ein ausbalanciertes Treten über die Stangen erreicht werden.“

Das Reiten über kleine Reihen ist sowohl für jüngere als auch für ältere Pferde immer wieder wichtig. Für junge Pferde stellt es eine schöne Hilfe dafür dar, die Balance zu finden, ältere Pferde werden – über kürzere Abstände – damit wieder versammelt.

Ludger legt fünf bis sechs Stangen in eine Reihe. Die Abstände sind enger als bei einer normalen Kombination: 2,5 Meter von Stange zu Stange. Auch bei dieser Übung gibt es keine allgemeingültigen Grundsätze: Je nach Ausbildungsstand der Pferde und Reiter muß variiert werden. Ludger: „Dabei kann man mit den Distanzen auch spielen. Bei einem Pferd, das stürmt, versuche ich nach und nach – Schritt für Schritt – , die Distanz enger zu machen. Einfach um dem Pferd zu zeigen, es soll ruhig bei mir bleiben und nicht wegrennen, es soll warten. Wenn das Pferd dabei Probleme hat, dann muß man auch mal zurückschalten und die Distanz ein bißchen verändern. In einem solchen Fall empfiehlt es sich, die Abstände etwas zu erweitern, um zunächst den Rhythmus zu finden.“

Grundsätzlich gilt, daß – wie beim Sprung über hohe Hindernisse – Grundtempo, Rhythmus, Schwung stimmen müssen. Paßt alles, ist es für den Reiter an der Zeit, sein Pferd zu loben.

Beim Springen über kleinere Reihen kann auch die reiterli-

Die Abstände in einer Reihe werden individuell auf jedes Pferd zugeschnitten, darauf legt Ludger größten Wert.

che Grundausbildung überprüft werden. Ludger ist mit Florians Stil sehr zufrieden: „Bei Florian sieht man sehr schön, daß er im Pferd sitzt und daß er kein Anfänger ist. Er sitzt sehr korrekt und trägt wesentlich dazu bei, daß Larius locker springen kann."

Seinen Sieg mit Champion du Lys 1998 beim Hamburger Derby sieht Ludger als Erfolg des kontinuierlichen Trainings über kleine Reihen. „Alles, was beim Grundlagentraining versucht wurde, wurde hier perfekt umgesetzt. Wenn ich oben am Wall stehe, mein Pferd mit dem nötigen Vertrauen und der richtigen Anlehnung den Wall runterrutscht, darf es nicht losbrechen. Es muß an den Hilfen, in Verbindung zwischen meiner führenden Hand und meinem anliegenden Schenkel ruhig den Wall herunterkommen und im letzten Drittel des Abstiegs auf den leichten Schenkeldruck hin abspringen. Das Pferd muß gerade nach vorne springen, einen Galoppsprung machen und dann zu der Planke hin mit der passenden Distanz wieder abspringen.

Das geht nur, wenn es nicht zu früh oder gar zu spät unter mir wegspringt oder gar nicht auf den Schenkel reagiert. Dann verpaßt es den Absprung vom Wall und hat keine Chance mehr, das nächste Hindernis fehlerfrei zu überwinden."

Kombinationen und Distanzen

Auch beim Aufbau von Kombinationen ist es unbedingt notwendig, daß sich Reiter und Ausbilder an der individuellen Galoppsprungweite ihrer Pferde orientieren. Ludger: „Wichtiger als die buchstabengetreue Umsetzung der Richtlinien der FN ist, daß man auf das Pferd eingeht. Bei allem, was man macht, ob man über Stangen trabt, galoppiert oder später dann springt, ist es wichtig, daß der Trainer oder die verantwortliche Person sich immer überlegt, wie er dem Pferd zuvorkommt. Er muß sich fragen: Wie kann ich es dem Pferd einfach machen? – Auch wenn mir das Regelbuch 3,50 m für den Galoppsprung vorschreibt, kann es – wegen des Ausbildungsstands oder der „Übersetzung" des Pferdes – einmal anders besser sein.

Bei Kombinationen mache ich mir die gleichen Gedanken. Das Wichtigste ist auch hier, auf das Pferd als Individuum einzugehen. Allgemeingültige Regeln können im Einzelfall auch verkehrt sein. Wenn ich ein Pferd habe, das stürmt oder wegrennt, versuche ich einfach, die Abstände so zu gestalten, daß es abbremst und nicht wegrennt. Habe ich dagegen ein Pferd, das nicht zieht, also nicht nach vorn springt, versuche ich das ein bißchen zu forcieren und die Stangen nach und nach weiter auseinander zu legen, die Distanzen länger zu machen."

Der Reiter ist gut ausbalanciert, mit gleichmäßiger Anlehnung zum Pferdemaul, vielleicht eine Idee zu hoch im Bügel. Das Pferd springt gelöst und locker, die Ohren sind schön nach vorn gerichtet.

Für den Fotografen hat er hier eine kleine Kombination Steilsprung – Oxer auf zwei Galoppsprünge aufgebaut. Die Höhe liegt bei 1,20 – 1,30 Meter.

Das Reiten von Kombinationen erfordert von Reiter und Pferd ein erhöhtes Maß an Konzentration. Das Pferd kann darauf mit gezielter Springgymnastik, wie sie auf den vorherigen Seiten demonstriet wurde, vorbereitet werden.

Wichtig ist vor allem, das erste Hindernis in einer Kombination richtig anzureiten, denn vom korrekten Beginn der Übung hängt die erfolgreiche Beendigung derselben ab. Klappt der Einsprung nicht, ist dem Pferd bei der Korrektur der Rhythmus genommen, es verliert Schwung und Tempo und hat dann Probleme, die nächste Aufgabe, in diesem Fall den Oxer, fehlerfrei zu schaffen.

Das sieht sehr schön aus. Das Pferd springt mit guter Bascule, Ralf sitzt schön im Pferd, die Schenkel liegen gut. Nahezu perfekt!

Hat der Reiter die Absprunghilfe richtig gegeben, muß er über dem Sprung in der Bewegung bleiben ohne das Pferd zu stören, muß gerade landen und dann energisch weiterreiten bis zum folgenden Sprung.

Der Reiter muß lernen, schon über dem ersten Hindernis den Weg zum zweiten im Auge zu behalten, um die notwendigen Hilfen geben zu können.

Vor allem eines hat Ludger Beerbaum immer wieder festgestellt:

„Reinhorchen ins Pferd ist wichtiger als alles hippologische Wissen, viel wesentlicher, als ob ich mich überm Sprung nach vorn oder hinten schmeiße.“

Mit dieser blauen Plane simulieren wir Wassergräben. Sie liegt flach auf Sand auf, die Pferde können sich also nicht verletzen.

Wasser

Wassersprünge sind für viele Pferde immer wieder ein Problem. Deshalb übt ein Perfektionist wie Ludger diese Schwierigkeiten natürlich ausgiebig zu Hause. Dabei bedient er sich einer leichten blauen Plane, die er bei Bedarf an verschiedenen Stellen des Reitplatzes auslegen kann. Seine erfahrenen Pferde zucken beim Sprung über diesen „Wassergraben" nicht mehr mit der Wimper. Anders dagegen der Nachwuchs:

„Dies ist eine ganz interessante Studie", sagt Ludger. „Der junge Fuchs unter Nikolas Lauer ist fünfjährig und noch sehr unerfahren. Nachdem er zwanzig Minuten lang gelöst wurde und ein paar kleine Sprünge gemacht hat, soll er jetzt das erste Mal über eine blaue Matte springen, bevor er gleich einen großen Wassergraben springen muß."

Die Übung als solche ist leicht, die blaue Matte nur einen Meter breit. Der Fuchs ist dennoch mächtig beeindruckt – und verweigert. Ludger: „Er kann sich hier nicht verletzen, die Matte liegt auf Sand. Er wird auch nicht bestraft. Niko wendet halt ab und wiederholt die Übung."

Der Fuchs kommt beim zweiten Anlauf schon besser hin. Er springt ab – mit ein bißchen Skepsis. Die Übung wird zwei-, dreimal wiederholt, bis das Pferd gefällig und mit Vertrauen hingeht. Beim dritten Versuch springt der Wallach dann ganz gut. Abschließend läßt ihn sein Reiter entspannen und über das Ganze ein bißchen nachdenken. Er läßt das kleine Erfolgserlebnis auf sein Pferd wirken und „schenkt es ihm für heute". Am nächsten Tag geht es dann weiter.

Ludger warnt alle Übereifrigen: „Es ist wichtig, daß mit Bedacht trainiert wird und nicht die Übung hundert Mal an anderer Stelle wiederholt werden muß."

Der junge Fuchs stutzt prompt.

Der Reiter hat schon etwas damit gerechnet, hat die Beine dran und kann das Problem aussitzen. Das Pferd wird nicht gestraft, sondern einfach abgewendet und neu angeritten.

Beim zweiten Versuch schaut das Pferd immer noch, aber durch seinen korrekten Sitz ist der Reiter in der Lage, das Pferd zwischen Schenkel und Hand gerade zu halten und den Sprung anzureiten.

Noch etwas skeptisch, aber gehorsam überspringt der Fuchs das ungewohnte Hindernis. Es wird noch einmal wiederholt und dann - mit umgelegter Plane – von der anderen Seite gesprungen.

Nachdem er diese Aufgabe gelöst hat, heißt es „Zügel lang und loben". Mit der positiven Erfahrung wird er für heute entlassen.

Konflikte, Grenzbereiche

Reitsport ist schön und ästhetisch. Im Idealfall bilden Reiter und Pferd eine Einheit, ein harmonisches Ganzes. Doch die Harmonie hat ihre Grenzen, wenn der eine Teil des Ganzen, das Pferd, nicht pariert.

„Turnierpferde müssen hart 'ran", gibt Ludger Beerbaum zu. Ein Hundeleben sei das Leben aber nicht, das seine Pferde in Riesenbeck führten. Ratina, Priamos, Champion du Lys werden zwei- bis dreimal täglich aus ihrer Box genommen, sie haben viel Abwechslung, werden intensiver umsorgt, besser geputzt als die allermeisten Artgenossen in Reitvereinen. Dennoch ist ihr Leben in vielerlei Hinsicht anstrengender.

New York, Legelshurst, Calgary, Nörten-Hardenburg, Monterrey ... Turnierpferde legen unglaubliche Strecken zurück. Die Turnierwochenenden gehen in die Knochen, lange Erholungsphasen sind den Tieren im internationalen Turnierzirkus nicht vergönnt. Sportpferde müssen sich den harten Gegebenheiten im

Miles and More – Spitzenspringpferde sind Weltreisende und Vielflieger.

Busineß unterordnen. Spielraum bleibt da nur innerhalb des Parcours – dort will Ludger sie nicht verbiegen, sondern so zur Geltung kommen lassen, wie sie eben sind: mal hektisch, mal triebig, mal nervig. Was zählt, ist, „daß sie ihren Job machen – gut machen!"

Weltklassepferde sind Kapitalanlagen – jeder Reiter mit gesundem Menschenverstand behandelt seinen Partner schon aus diesem Grund sehr gut. Schließlich bilden sie das Betriebskapital eines Pferdesportlers. Aber ist es erstrebenswert, als mittelprächtig veranlagtes Pferd bei Beerbaum und Co. im Stall zu stehen? Und wird ein Hobbyreiter mit Turnierambitionen stets der Kreatur gerecht, mit der er gemeinsam seinen Sport bestreitet?

„Sicher nicht", sagt Ludger, der das öffentliche Gespräch über kritische Bereiche seines Sports nicht scheut. Ob mit Tierschützern oder Radio- und Fernsehmoderatoren, Beerbaum weicht nicht aus. Kritikern versichert er allerdings glaubhaft: „Wenn ein Pferd partout nicht über ein Hindernis springen möchte, dann kann auch ich es nicht dazu zwingen. Man wird nicht mit einem Pferd Olympiasieger, das grundsätzlich nicht rüberspringt."

Er beteuert, daß seine Turnierpferde mit Freude springen, sonst klappe die Feinabstimmung nicht. Wenn er seine ganze Kraft und Konzentration dazu einsetzen müßte, ein unwilliges Pferd über die Sprünge zu befördern, hätte er niemals die Erfolge erzielen können, die er – und zwar mit mühelos wirkenden, flüssigen Ritten – seit Jahrzehnten verbucht.

„So ein Tier gibt Halt, wenn man eine Krise durchlebt, es hilft auch, schlechte Erfahrungen zu vergessen."

Ludger Beerbaum

Reitsport ist Busineß, in das viel Geld investiert, bei dem um Macht, Sieg und Einfluß gekämpft wird. Mit erlaubten und – immer wieder aufgedeckt – verbotenen Mitteln. „Barren ist ein Thema, Doping ist ein Thema, Mißhandlung ist ein Thema, und das wird immer so bleiben", sagte er 1996 im Interview mit der Schwäbischen Zeitung. Doch durch die Skandale wurde auch viel bewirkt, es sind „viele wachgerüttelt worden".

Es ist ihm wichtig, neben den Fehlleistungen im großen Sport auch die Mißstände auf unterer Ebene anzusprechen. Damit meint er vor allem die falsche, weil verbissene Turniervorbereitung. „Ich war früher auch so besessen von meinem Sport, daß ich vor dem Turnier zu Hause am liebsten zwanzig Mal den Parcours gesprungen hätte", gibt er zu. Dabei habe er vieles falsch gemacht. „Übermotiviert", das seien auch heute noch viele junge Reiter. „Es wäre ganz viel gewonnen, wenn die Trainer auf regionaler und Landesebene dies in den Griff kriegen würden."

Die Skandale der Vergangenheit haben nicht dazu beigetragen, die Reiterei in hellem Licht erscheinen zu lassen, aber er wünscht sich Offenheit, ist bereit, Grenzbereiche und Mißstände anzusprechen. „Es ist nun mal so, daß sich das Dasein des Pferdes vom Nutztier zum „Sportgerät" gewandelt hat", meint er. Mit großem finanziellen Aufwand werden Pferde als Sportpartner gezüchtet. Die Industrie rund ums Futter, die Ausrüstung, die Arbeit in den Reitbetrieben ernähren unzählige Menschen.

Reitsport ist mehr als ein Freizeitvergnügen. Es ist ein

Machtfaktor, bei dem es um Unsummen von Geld geht – aber auch ein wertvoller Bestandteil des heutigen Lebens. „Ich möchte gern, daß auch in 50 Jahren noch geritten wird", sagt er. „Ich selbst habe so viel von dem Zusammensein mit Pferden profitiert. Ganz besonders in menschlicher Hinsicht. Die Reiterei hat meine innere Ausgeglichenheit unheimlich gefördert."

Man durchlebt gemeinsam Höhen und Tiefen, wächst zu Partnern zusammen. Doch dies hat er in vielen Jahren der Zusammenarbeit zwischen Mensch und Tier gelernt: „Wenn ich nicht gut drauf bin, ist es auch Käse, in den Sattel zu steigen. Dann ist es besser, das Reiten bleiben zu lassen, anstatt es mit Gewalt zu versuchen." Pferde spüren, wenn ihr Reiter verkrampft und unkonzentriert ist. Mit der Brechstange zu Werke zu gehen bringt in solchen Fällen gar nichts.

Vom ersten unter den deutschen Reitern verlangt das Publi-

It's me, Spezialistin für schnelle Runden

ARNIM BASCHE (ZDF) ÜBER LUDGER BEERBAUM:
„Ich kann nicht beurteilen, wie er sich anderen Kollegen gegenüber verhält - ich halte ihn für einen sehr, sehr auskunftsfreudigen Gesprächspartner. Ludger Beerbaum ist absolut fair. Er bezieht auch bei kritischen Fragen Stellung und hält mit seiner Meinung nie hinterm Berg. Zu Interviews kommt er immer pünktlich. Er ist absolut geduldig. Es gehört heute zu einem Spitzensportler, daß er sich darstellen muß. Als echter Profi weiß er natürlich ganz genau, daß der Fragesteller im Grunde genommen nichts anderes ist als ein Mittler zwischen ihm und der Öffentlichkeit. Deswegen verträgt er durchaus mal eine Frage, die ihm möglicherweise nicht behagt. Er antwortet dann nie unwirsch, sondern kann auch unangenehmere Situationen mit viel Humor überspielen.
Ich bewundere seine Professionalität, sein hervorragendes Nervenkostüm und vor allen Dingen eben auch das gekonnte Management. Man hat das Gefühl, unter ihm gehen die Pferde gern. Leistungsbereitschaft kommt auch aus dem psychischen Bereich. Ludger Beerbaum ist ein Profi par excellence."

kum Präsenz, bei großen und bei kleinen Springprüfungen. Für die Championate hatte er eine Ratina, hat er einen Priamos. Doch wie sieht es bei den vielen ausgeschriebenen Glücks-, Staffetten-, Punkte-, Jokerspringen aus, die nachmittags vor den Hauptspringen stattfinden? „Es ist tatsächlich so, daß ein Zweitpferd wie zum Beispiel It's me viel stärker belastet wird", gibt er zu. Die 1985 geborene Stute wurde jahrelang mit Vollgas über die Parcours gesteuert. Sie gewann viel Geld und die Sympathie der Zuschauer. Doch die feine Reiterei ist mit so einem Pferd nicht mehr drin.

„Es gibt für mich zwei Möglichkeiten: Entweder ich verzichte auf solche schnellen Springen, oder ich reite sie und versuche, meinen Pferden einen rechtzeitigen Abschied bei relativer Gesundheit aus dem Sport zu ermöglichen." Er hat zum Glück einige vielversprechende Nachwuchspferde im Stall stehen und muß ein Zweit- oder Drittpferd nicht auf Teufel komm 'raus einsetzen. Aber wie ergeht es Tieren, die keine talentierten Kollegen zur Ablösung neben sich haben? „Da wird's dann schon kritisch", räumt auch Ludger ein.

Die Medien suchen Ludger Beerbaum als Gesprächspartner.

Reiter und Medien suchen Ludger als Gesprächspartner. Seine Meinung ist gefragt, weil er kein Blatt vor den Mund nimmt und die unbequeme Wahrheit einer angenehmen Unwahrheit allemal vorzieht. Aus diesem Grund ist sein Verhältnis zum Weltreiterverband, der FEI, auch durchwachsen. Ob es darum geht, „wie katastrophal unser Sport im Fernsehen repräsentiert wird", oder darum, daß irgendwelche Reglements über die Köpfe der Reiter hinweg entschieden werden – Ludger hält mit seiner kritischen Meinung nicht hinterm Berg. Vielzitiert ist sein Spruch: „Wem der liebe Gott gibt ein Amt, dem raubt er den Verstand".

Die FAZ hat Anfang 1998 bei ihm nachgefragt, ob er ein Amt bei der Internationalen Reiterlichen Vereinigung (FEI) übernehmen wolle. Seine Antwort ließ keine weiteren Fragen offen: „Ich habe festgestellt, wie hilflos man gegenüber den Funktionären ist. Schon allein wie die Herren anfangen zu schmunzeln, wenn man etwas sagt." Stundenlange Sitzungen gehören außerdem nicht gerade zu den Vorlieben des Unternehmers in Sachen Reiterei, „und es ist so aussichtslos, da etwas durchzubringen."

Planung, Planung über alles …

Zehn Punkte, aus einem relativ begabten Pferd einen Superkracher zu machen? „Die gibt es nicht“, sagt Ludger Beerbaum. Und das bedauert er auch gar nicht.

Ein Rezept hat der Kopfmensch Beerbaum aber doch für alle Turnierreiter parat: „Vorausdenken!“ Stets überlegen, wie das Ziel am besten zu erreichen ist. Dies ist eine ständige Herausforderung für den begeisterten Tüftler. „Nicht der beste Schleifer ist am Ende vorne“ – das sagt Ludger aus Erfahrung und aus Überzeugung.

Der Perfektionist unter den Springreitern macht sich eigentlich immer und überall Gedanken darüber, wie er seine Pferde noch effektiver reiten kann. Das geschieht im Stillen, ohne Gesprächspartner. „In solchen Dingen kann ich Widerspruch schlecht vertragen.“ Er grübelt: „Warum ist der jetzt zu doll? – Warum zieht der nicht? – Wie reite ich die Stute besser/ größer/ dichter?“

Im November 1998 steht die Turnierfolge Berlin - Stuttgart an. Ein Beispiel für die Planung im Vorfeld von Turnieren: Berlin veranstaltet den Weltcup, Stuttgart gilt als bestes Hallenturnier der Welt. Die Frage ist, welche Pferde er wo sattelt. Dabei geht es um die Größe der Halle, den Boden, den Parcoursbau, die Ausschreibung. „Alles ist ein ständiger Entscheidungsprozeß. Gerade wenn alles zwei, drei Turniere lang prima geklappt hat, funktioniert es, aus welchen Gründen auch immer, oft nicht mehr.“

Zurück zum Beispiel. Ratina war nicht verfügbar, sie stand in Mexiko zum Embryotransfer. Das Weltcup-Springen in Berlin bestritt er dann am Samstag mit dem jungen Neron de la Tourelle: dritter Platz. Der Große Preis am Sonntag war eigentlich noch zu schwer für den belgischen Wallach, darum „war klar, daß er nicht gewinnen konnte“. Mit zwei Abwürfen war der Reiter deshalb ganz zufrieden.

In Stuttgart sattelte er seinen achtjährigen Nachwuchs Champion du Lys und den erfahrenen 16jährigen Priamos. Auch hier hatte er einen genauen Plan: Priamos sollte, frisch und munter nach vierwöchiger Pause, den schweren Großen Preis am Sonntag gehen, Champion seine Schnelligkeit im prestigeträchtigen Master am Freitag ausspielen. Ludger spekulierte darauf, daß Hugo Simons E.T. und Franke Sloothaaks Joly Coeur, die er als schärfste Konkurrenten für seine Pferde betrachtete, nach dem Turnier in Berlin vielleicht nicht mehr so frisch sein würden.

„Bis heute sehe ich oft zu, wenn Franke und Ludger reiten. Von beiden kannst du einfach unheimlich viel lernen. Bei Ludger bin ich immer wieder beeindruckt von der Aura der Entschlossenheit, die ihn umgibt.“

Reiterkollege Alois Pollmann-Schweckhorst in einem Interview im St. Georg

Ludger hat eine treue Fangemeinde.

Die Rechnung ging nicht ganz auf: Champion machte am Freitag einen Springfehler, nachdem er sich vor einem Sprung leicht vertreten hatte. Am Samstag gewann der Schimmel dann allerdings mühelos das Hauptspringen.

Auch der Sonntag verlief nicht ganz wie geplant. Der Reiter gab sein Bestes, doch Priamos berührte in beiden Umläufen beinahe jede Stange. In der anschließenden Siegerrunde wirkte er müde, trotz bester Zeit fiel eine Stange. Ludger wurde Vierter, es gewann der elfjährige E.T. Insgesamt aber konnte Ludger zufrieden sein. Er wurde erfolgreichster Reiter, seine Strategie war doch noch aufgegangen.

„Reinhorchen ist alles."

Ludger Beerbaum

Wie seine Topkollegen ist Ludger davon überzeugt, daß seriöse Grundlagenarbeit wie dressurmäßige Ausbildung, Stangen- und Cavalettiarbeit sowie Gymnastik von elementarer Bedeutung sind. Doch zur wirklich effektiven Turniervorbereitung wird das Training erst durch die Feinheiten und ständigen neuen Impulse, die dem Pferd in der täglichen Arbeit gegeben werden müssen. Abwechslung heißt das Motto, denn „nichts ist so stupide wie 23 Stunden Aufenthalt in der Box und eine Stunde Reiten in der Halle."

Filme und Romane à la „Pferdeflüsterer" sind nichts für einen Profi wie ihn. Er sieht sich selbst mehr als kühlen Kopfmenschen, der aber trotzdem von seinen Pferden verstanden wird. „Reinhorchen ist alles", lautet sein Credo in Kurzfassung.

Und Monty Roberts? Dessen Buch heißt im amerikanischen Original „The Man Who Listens to Horses" ... (Der Mann, der den Pferden zuhört)

Meisterschaften und Medaillen

1981 Deutscher Vizemeister der Junioren auf Wetteifernde
1982 Deutscher Vizemeister der Jungen Reiter auf Wetteifernde
1984 Deutscher Vizemeister der Jungen Reiter auf Wetteifernde
Bronzemedaille Mannschafts-Europameisterschaften der Jungen Reiter auf Wetteifernde
Bronzemedaille Europameisterschaften (Einzel) auf Wetteifernde
1987 Dritter der Deutschen Meisterschaften auf Wiener Domspatz
1988 Deutscher Meister auf Landlord
Mannschafts-Olympiasieger auf The Freak
1990 Mannschafts-Vizeweltmeister auf Gazelle
1992 Deutscher Meister auf Classic Touch
1993 Weltcupsieger auf Ratina Z
Deutscher Meister auf Rush on
1994 Mannschafts-Weltmeister auf Ratina Z
1996 Mannschafts-Olympaisieger auf Ratina Z
1997 Deutscher Meister auf Priamos
Mannschafts-Europameister auf Ratina Z
Europameister (Einzel) auf Ratina Z
1998 Deutscher Meister auf Rush on
Mannschafts-Weltmeister auf Priamos
1999 Deutscher Vizemeister auf Champion du Lys

Bis zur Fertigstellung dieses Buches hat Ludger mehr als 2 500 Siege und Placierungen in schweren Springprüfungen errungen.

Register